19,90 €

Felicitas Knapp
Das Corporate Publishing der Zukunft

D1670500

 **Steinbeis-Edition**

 **Felicitas Knapp** hat ihr Bachelor-Studium „Journalismus und Public Relations" an der Westfälischen Hochschule im Jahr 2012 abgeschlossen. Im Anschluss an ihr nachfolgendes Volontariat im Bereich Öffentlichkeitsarbeit studierte sie an der Hochschule der Medien in Stuttgart „Elektronische Medien" mit Schwerpunkt Unternehmenskommunikation. Das vorliegende Buch ist ein Teilergebnis ihrer Masterthesis, mit der sie 2016 den akademischen Grad Master of Arts erlangt hat. Seit 2014 ist Felicitas Knapp im Bereich Grafik und Satz für die Steinbeis-Edition tätig.

Felicitas Knapp

Das Corporate Publishing der Zukunft

Eine Trendprognose für gedruckte und digitale CP-Produkte der kommenden 20 Jahre

Impressum

© 2016 Steinbeis-Edition

Alle Rechte der Verbreitung, auch durch Film, Funk und Fernsehen, fotomechanische Wiedergabe, Tonträger jeder Art, auszugsweisen Nachdruck oder Einspeicherung und Rückgewinnung in Datenverarbeitungsanlagen aller Art, sind vorbehalten.

Felicitas Knapp
Das Corporate Publishing der Zukunft
Eine Trendprognose für gedruckte und digitale CP-Produkte der kommenden 20 Jahre

1. Auflage, 2016 | Steinbeis-Edition, Stuttgart
ISBN 978-3-95663-108-5

Satz: Steinbeis-Edition
Titelbild: Rawpixel.com/Shutterstock.com
Druck: WIRmachenDRUCK GmbH, Backnang

Steinbeis ist weltweit im unternehmerischen Wissens- und Technologietransfer aktiv. Zum Steinbeis-Verbund gehören derzeit rund 1.000 Unternehmen. Das Dienstleistungsportfolio der fachlich spezialisierten Steinbeis-Unternehmen im Verbund umfasst Forschung und Entwicklung, Beratung und Expertisen sowie Aus- und Weiterbildung für alle Technologie- und Managementfelder. Ihren Sitz haben die Steinbeis-Unternehmen überwiegend an Forschungseinrichtungen, insbesondere Hochschulen, die originäre Wissensquellen für Steinbeis darstellen. Rund 6.000 Experten tragen zum praxisnahen Transfer zwischen Wissenschaft und Wirtschaft bei. Dach des Steinbeis-Verbundes ist die 1971 ins Leben gerufene Steinbeis-Stiftung, die ihren Sitz in Stuttgart hat. Die Steinbeis-Edition verlegt ausgewählte Themen aus dem Steinbeis-Verbund.

191201-2016-11 | www.steinbeis-edition.de

Vorwort

Die vorliegende Arbeit hat gezeigt, dass uns im Bereich Corporate Publishing spannende Zeiten bevorstehen. Sie möchte dazu beitragen, Organisationen auf die anstehenden Veränderungen angesichts einer immer stärker digitalisierten Welt vorzubereiten.

Über das Ergebnis der Arbeit freue ich mich sehr: Trotz der fortschreitenden Digitalisierung werden gedruckte Medien nicht verschwinden, sondern sie werden künftig noch professionalisierter, edler, hochwertiger und interessanter gestaltet sein. Das verspricht nicht nur den Konsumenten – die wir schließlich auch alle selbst sind – ein außergewöhnliches Medienerlebnis, sondern stellt außerdem die CP-Branche vor neue Aufgaben. Ich bin überzeugt, dass sie diese Herausforderungen mithilfe erfahrener Experten und junger, engagierter „Medienmenschen" – zu denen ich mich auch selbst zählen möchte – glanzvoll meistern wird. Ich freue mich auf viele spannende Projekte aus diesem Bereich.

Die anregenden Gespräche, die ich im Rahmen dieser Arbeit mit Experten aus verschiedenem Umfeld führen durfte, haben meine eigene Sichtweise erweitert und zu spannenden Ergebnissen geführt. Darum möchte ich mich zunächst bei den CP-Experten bedanken, die mir ihre Zeit geschenkt und ihre Gedanken mitgeteilt haben: Vielen Dank an Prof. Dr. Martin Liebig, Gernot Speck, Maria Dicker, Ulrike Scholz und Taida Hasecic.

Mein Dank gilt auch Prof. Gabriele Kille, die mich beim Schreiben der Arbeit betreut sowie stets unterstützt und ermutigt hat. Auch vom Praxiswissen meines Betreuers, F. Rainer Klank, habe ich sehr profitiert – vielen Dank dafür!

Außerdem schätze ich mich glücklich, die besten Eltern, die tollsten Geschwister und den liebevollsten Mann an meiner Seite zu wissen. Ihnen danke ich, weil sie mich immer bedingungslos bei einfach allem unterstützen. Danke Heidi, Werner, Benny, Anabelle und Patrick – für alles.

Felicitas Knapp
Stuttgart, im September 2016

Inhaltsverzeichnis

Abbildungsverzeichnis

Tabellenverzeichnis

Abkürzungsverzeichnis

Abb.	Abbildung
bzw.	beziehungsweise
CMF	Content Marketing Forum e. V.
CP	Corporate Publishing
DACH	Deutschland, Österreich & Schweiz
et al.	et alia (und andere)
etc.	et cetera
f. / ff.	folgende Seite / n (Seitenzahlangabe)
IVW	Informationsgesellschaft zur Feststellung der Verbreitung von Werbeträgern e. V.
o. J.	ohne Jahr
S.	Seite
Tab.	Tabelle
vgl.	vergleiche

Zusammenfassung

Das vorliegende Buch umfasst den theoretischen, allgemeinen Teil einer Masterthesis mit dem ursprünglichen Titel „Die Zukunft gedruckter Corporate-Publishing-Produkte – Eine Trendprognose am Beispiel eines Fachmagazins für High Performance Computing". Der zweite Teil, der den Relaunch eines Fachmagazins für High Performance Computing beschreibt, ist nicht öffentlich.

Die Arbeit will dazu beitragen, Organisationen angesichts der fortschreitenden Digitalisierung auf die bevorstehenden Veränderungen im Bereich Corporate Publishing vorzubereiten. Am Ende steht als Ergebnis eine Prognose über die Entwicklung von Corporate-Publishing-Produkten innerhalb der kommenden 20 Jahre. Grundlage dafür sind neben der bereits vorliegenden Fachliteratur drei Interviews mit Corporate-Publishing-Experten aus dem Hochschul-, Agentur- und Unternehmensumfeld.

Verschiedenste Trends werden umfassend diskutiert. Am Ende zeigt sich, dass gedruckte Corporate-Publishing-Produkte in Zukunft nicht aussterben, Konsumenten sie aber sparsamer und dafür fokussierter nutzen werden. Allein, dass es gedruckte Medien dann seltener geben wird, verschafft ihnen ein noch höheres Maß an Aufmerksamkeit. Weil die Situationen und Arten des Lesens auch in Zukunft bestehen bleiben, wird bei digitalen Konzepten die Bildschirmgröße des Endgerätes eine entscheidende Rolle spielen.

Zudem werden Print-Produkte immer mehr zum Luxusprodukt avancieren. Darum gewinnen dabei solche Organisationen, die Wert auf besonders hochwertige oder außergewöhnliche Druckproduktionen legen. Sind auch die Online-Kanäle sinnvoll mit den Print-Produkten verknüpft – das heißt, dass sich die Kanäle entsprechend ihrer natürlichen Stärken ergänzen – können Organisationen dem sich wandelnden Nutzerverhalten guten Gewissens entgegentreten.

1   Einleitung

Corporate Publishing (CP) dient als Überbegriff für die Veröffentlichung eigener Medien einer Organisation, mit denen sie ihre Anspruchsgruppen werbefrei informieren will. Egal ob Broschüre, Zeitschrift oder sogar Unternehmens-TV: Selbst kleine Unternehmen mischen mit.

CP ist ein bereits sehr altes Instrument der Unternehmenskommunikation. Trotzdem ist das „Wachstumspotenzial von CP-Medien [...] ungebrochen hoch".[1] Auch der Anspruch der Branche an sich selbst wird immer größer: In der journalistischen Qualität und der Darstellung von Inhalten stehen zumindest die Top-Corporate Media den Verlagszeitschriften in nichts nach.[2] Darum erleben wir im Bereich Corporate Publishing gerade einen sehr spannenden Wandel.

Wenn sich Kunden- und Mitarbeiterzeitschriften in Aufmachung und Aufbereitung der Themen immer mehr den Publikumszeitschriften annähern und die zuletzt genannten – auch aufgrund des steigenden Kostendrucks – immer anfälliger für PR-Meldungen werden, fragen sich Kommunikationsprofis zu Recht, wo sich heute die Grenze zwischen Journalismus und PR ziehen lässt.[3]

Steigendes Investitionsvolumen für Corporate Publishing

Das Investitionsvolumen für Corporate Publishing betrug im Jahr 2014 allein im deutschsprachigen Raum 5,8 Milliarden Euro – ein weiterer Zuwachs ist sehr wahrscheinlich.[4] Kein Wunder, denn laut einer Umfrage von SVI Dialog Research & Consulting und TNS Emnid Media Forschung ist das Kundenmagazin für Konsumenten noch immer das Medium mit der höchsten Überzeugungskraft.[5] Im deutschsprachigen Raum gab es laut FCP (Forum Corporate Publishing) im Jahr 2015 15.000 Kundenmagazine. 88 Prozent der Unternehmen nutzten auch digitales CP.[6]

---

1   Siefke in Scheifele / Zierer 2010, S. 38.
2   Vgl. Vilsmeier in Scheifele / Zierer 2010, S. 38.
3   Vgl. Universität Hamburg 2011, S. 4.
4   Vgl. EICP / zehnvier 2014a.
5   Vgl. SVI Dialog Research & Consulting, TNS Emnid Media Forschung 2016.
6   Vgl. FCP 2015a.

Die fortschreitende Digitalisierung der Kommunikationskanäle prophezeit eine weitere interessante Entwicklung im CP. Aufgrund der sich unaufhaltsam weiterentwickelnden technologischen Möglichkeiten nimmt die Branche immer mehr an Fahrt auf. Andreas Siefke, Präsident des Content Marketing Forums, denkt:

> *„[...D]ie Grenzen zwischen Print und Digital werden durch technische Weiterentwicklungen aufgehoben."[7]*

Das zeigt sich auch durch die Budgetaufteilung im CP: Bereits im Jahr 2014 wurde mehr als die Hälfte des Umsatzes im CP-Markt mit digitalen Inhalten umgesetzt.[8] Das Zauberwort heißt also Crossmedia. Die redaktionelle Verknüpfung der Kanäle sollte in jeder Kommunikationsabteilung an erster Stelle stehen. In der Realität sieht es jedoch anders aus: Es gibt noch immer wenige Organisationen, die konsequent – und mit durchdachtem Konzept – alle Kommunikationskanäle bedienen.[9]

Doch Experten sind überzeugt:

> *„[...M]it einem konsequenten, integrierten Einsatz von Print und digitalen, interaktiven, mobilen Medien können Unternehmen ihre strategischen Kommunikationsziele mit Corporate Publishing zukünftig besser denn je erreichen."[10]*

Content is King

Ungeachtet der Fülle der neuen Kommunikationskanäle bleiben aber die Inhalte die „DNA des Corporate Publishing".[11] Wie und wo Organisationen diese verpacken, wird sich in den kommenden Jahren vermutlich stark verändern. Und nur, wenn sie das Potenzial der Kanäle erkennen und auch ihre Vor- und Nachteile für die Zukunft richtig deuten, kann die Branche das beste für sich und die

---

7   Siefke 2012, S. 11.
8   Vgl. EICP / zehnvier 2014b.
9   Vgl. Liebig in Nacken 2010, S. 12.
10   Olavarria 2012, S. 15.
11   Siefke 2012, S. 11.

Konsumenten aus den Corporate Media herausholen. Bei diesem Prozess will die vorliegende Arbeit unterstützen.

Am Ende des ersten, allgemeinen Teils dieser Arbeit stehen die Ergebnisse einer Trendprognose, die die Rolle von Corporate Publishing in 20 Jahren beleuchtet. Auf dem Weg dorthin hat die Autorin verschiedene Trends und Faktoren untersucht, die sich durch die Sichtung der Fachliteratur sowie im Rahmen von Experteninterviews als relevant herausgestellt haben.

Die praktische Anwendung dieser Ergebnisse folgt im zweiten Teil der Arbeit. Er beschreibt den Relaunch des Magazins InSiDE, einem Fachmagazin für High Performance Computing. Auf der Grundlage der im ersten Teil erarbeiteten Trendprognose und einer Leserbefragung bringt der zweite Teil dieser Arbeit ein Redesign und eine neue Content-Strategie für das Corporate Magazine hervor.

2 Problemstellung der Arbeit

Corporate Publishing ist ein „schwer überschaubare[r, d. Verf.] und nur wenig erforschte[r, d. Verf.] Markt."[12] Das liegt auch an der fortschreitenden Digitalisierung, denn die Möglichkeiten des Internets brachten und bringen immer mehr neue Kommunikationskanäle mit sich. Die Generationen, die in den 90er-Jahren und später geboren sind, bezeichnen wir als „Digital Natives". Sie kennen keine Welt ohne Computer und gehen daher mit MP3-Playern oder Smartphones intuitiv und wie selbstverständlich um. Dadurch verändern sich auch die Mediennutzung sowie das Lern- und Arbeitsverhalten dieser Generation. Erwartungen und Verhaltensweisen gegenüber Unternehmen wandeln sich ebenfalls, sodass bloggende Geschäftsführer und eigene Business-Online-Netzwerke keine Seltenheit mehr sind.[13] Da sie mit digitalen Medien aufgewachsen sind, ist anzunehmen, dass die „jungen Leute" den Bezug zu klassischen Medien, wie der gedruckten Tageszeitung oder Zeitschrift, immer mehr verlieren.

---

12 Weichler 2014, S. 767.
13 Vgl. Gründerszene o. J.

Zeitungssterben und sinkende Auflagenzahlen

Zumindest teilweise bestätigen lässt sich diese Vermutung durch das Zeitungssterben, das den Ausstieg von Zeitungen aus dem Print-Geschäft beschreibt.

Bereits seit den frühen 90er-Jahren gehen Auflagenzahlen und Werbeeinnahmen der Zeitungsverlage zurück.[14] Was bedeutet das für gedruckte Corporate-Publishing-Instrumente? Blüht ihnen ein ähnliches Schicksal wie den Zeitungsverlagen, wenn sich die Gewohnheiten im Umgang mit Medien noch weiter in Richtung digital verschieben?

3 Forschungsfrage und Hypothesen

Die vorliegende Arbeit beschäftigt sich mit der Frage, ob gedruckte CP-Produkte in einer sich immer stärker digitalisierenden Welt auch in Zukunft ihren Stellenwert im Kommunikationsmix halten können. Die zentrale, vereinfachte Forschungsfrage lautet daher:

Werden gedruckte CP-Produkte im zukünftigen, noch stärker digitalisierten Zeitalter bestehen?

Vergleichende Betrachtung der Kanäle ist Bestandteil der Analyse

Um diese Frage beantworten zu können, müssen die Merkmale gedruckter CP-Produkte auch im Vergleich zu digitalisierten Inhalten analysiert und bewertet werden (siehe auch Kapitel 5: Planung und Methodik der Trendprognose).

---

14   Dengler 2015.

Empirisch betrachtet kann eine Hypothese aus den obigen Überlegungen lauten:

Gedruckte Corporate-Publishing-Produkte werden innerhalb der nächsten
20 Jahre komplett aussterben.

Diese universelle Hypothese ist ohne jede Einschränkung formuliert.[15] Es ist jedoch bereits jetzt abzusehen, dass dieser Fall nicht eintreten wird: Dem sogenannten Rieplschen Gesetz zufolge wird kein neues Kommunikationsmedium ein altes jemals ersetzen. Die von Wolfgang Riepel bereits 1913 aufgestellte Theorie hat sich bis heute bewahrheitet: Das Radio verschwand nicht durch das Fernsehen, das Theater wurde vom Film nicht verdrängt[16] und auch Schallplatten und Dias haben nach wie vor ihre Liebhaber, auch wenn sich die Technik schon weit über diese Datenträger hinaus entwickelt hat. Auch die gute alte SMS konnte von Diensten wie WhatsApp und Threema nicht gänzlich abgelöst werden.[17] Diese Theorie wird zusätzlich von der These um die komplementäre Nutzung von Medien gestützt (siehe Kapitel 7.2: Komplementäre vs. substitutive Mediennutzung).

Einschränkung der Hypothese

Demnach ist hier eine quasiuniverselle Hypothese sinnvoller, da diese mit höherer Wahrscheinlichkeit nicht widerlegt werden kann.[18] Deshalb lautet die Hypothese:

H_0: Die Anzahl gedruckter Corporate-Publishing-Produkte wird innerhalb
der nächsten 20 Jahre deutlich sinken.

Da dennoch ein Zuwachs des Investitionsvolumens im CP-Bereich prognostiziert wird[19], lässt sich im Umkehrschluss folgende quasiuniverselle Hypothese formulieren:

---

15 Vgl. Hussy et al. 2010, S. 31.
16 Vgl. Wulff 2011.
17 Vgl. Brandt 2016a.
18 Vgl. Hussy et al. 2010, S. 32.
19 Vgl. EICP / zehnvier 2014a.

H_1: *Die Anzahl digitaler Corporate-Publishing-Produkte wird innerhalb der nächsten 20 Jahre deutlich steigen.*

Da bei beiden Hypothesen kein genauer Wert festgelegt werden kann, wie stark die Anzahl gedruckter CP-Produkte sinken bzw. die Anzahl digitaler Produkte steigen wird, müssen sie sich zu ihrer Bestätigung einem Hypothesentest mit der Nullhypothese N_0 und N_1 unterziehen (siehe dazu Kapitel 11.4: Hypothesentest).[20]

N_0: *Die Anzahl gedruckter Corporate-Publishing-Produkte wird innerhalb der nächsten 20 Jahre nicht sinken.*

N_1: *Die Anzahl digitaler Corporate-Publishing-Produkte wird innerhalb der nächsten 20 Jahre nicht steigen.*

Indem die Nullhypothese, also die gegenteilige Behauptung widerlegt wird, lässt sich die eigentlich interessierende Annahme implizit bestätigen.[21]

Die Zukunft ist ungewiss

Die Bestätigung der beiden Hypothesen H_0 und H_1 hätte eine Umverteilung der Nutzung von Medienkanälen innerhalb des genannten Zeitraums zur Folge. Da die Zukunft allerdings nicht abzusehen ist, lässt sich keine dieser Hypothesen im Zeitrahmen dieser Arbeit mit Sicherheit beantworten. Das eigentliche Ziel der Arbeit muss deshalb ein anderes sein.

---

20   Vgl. Universität zu Köln. Institut für Soziologie und Sozialpsychologie o. J.
21   Vgl. ebd.

4   Ziel und Aufbau der Arbeit

Im Rahmen dieser Arbeit werden Corporate-Publishing-Trends in Bezug auf die Kanäle Print und Digital untersucht. Aufgrund der vorausgegangenen Überlegungen kann es jedoch nicht Ziel der Arbeit sein, die zuvor benannten Hypothesen mit mathematischer Genauigkeit und vollkommener Sicherheit zu bestätigen oder zu widerlegen. Das Ergebnis dieser Arbeit wird deshalb eine Trendprognose zum Themengebiet Corporate Publishing mit dem Fokus auf die Kanäle Print und Digital sein.

„Unter dem Begriff ‚Trendprognosen‘ versteht man die Methode, zukünftige Entwicklungen und Entwicklungsmöglichkeiten bestimmter Prozesse zu erstellen und zu untersuchen. Diese werden darauf geprüft, ob sie schlüssig sind und [...] je nach ihrer Eintreffenswahrscheinlichkeit, ihrer Rahmenbedingungen und der Folgewirkungen [...] bewertet.“[22]

Trendprognosen unterstützen bei der Strategieentwicklung

Trendprognosen dienen in verschiedenen Themenbereichen unter anderem zur Vorbereitung auf Veränderungen und zur Abwägung von „Wenn-dann“-Szenarien. Sie sind vor allem dort sinnvoll, wo mittel- oder langfristige Strategien entwickelt werden.[23] Die im Rahmen dieser Arbeit erarbeitete Trendprognose möchte Medienmacher und Organisationen bei ihrer Strategieentwicklung in Bezug auf Corporate-Publishing-Produkte unterstützen.

Praktische Anwendung der Trendprognose

Der zweite Teil dieser Arbeit widmet sich der praktischen Anwendung. Unter Beachtung der vorausgegangenen Trendprognose wird der Relaunch eines Fachmagazins für HPC (High Performance Computing) beschrieben. Dieser bezieht sich auf ein gedrucktes Corporate-Publishing-Produkt. Einen Ausblick für ein

---

22   Finanzlexikon o. J.
23   Vgl. ebd.

digitales Gegenstück möchte die Arbeit ebenfalls geben. Ziel des zweiten Teils dieser Arbeit ist demnach die sinnhafte Überarbeitung der Aufmachung und Aufbereitung von Inhalten in dieser gedruckten Zeitschrift. Darüber hinaus soll ein Konzept entstehen, das die Macher des Magazins optimal auf mögliche zukünftige Veränderungen im CP-Bereich vorbereitet.

5 Planung und Methodik der Trendprognose

Die im Rahmen dieser Arbeit erstellte Trendprognose konzentriert sich auf die Gebiete Print und Digital. Sie soll mithilfe existierender Literatur und Experteninterviews zunächst Trends in diesen Bereichen identifizieren und auf dieser Grundlage etwaige zukünftige Entwicklungen prognostizieren. Eine quantitative, vergleichende Betrachtung der vermeintlichen Vor- und Nachteile des jeweiligen Kanals soll seinen Stellenwert im Medienmix untermauern. Die Bewertung der Ergebnisse stellt den Abschluss des ersten Teils dieser Arbeit dar.

5.1 Literatur

Die Auswahl der Literatur erfolgte in Bezug auf die zuvor genannten Fragestellungen und Hypothesen der Arbeit. Zwar geben die meisten Werke keinen Ausblick auf die Zukunft von CP in 20 Jahren; die gegenwärtigen und auch vergangenen Funktionen, Aufgaben, Ziele etc. von CP sind aber schließlich die Grundlage für zukünftige Veränderungen. Daher werden die in Tabelle 1 genannten Werke alle gleichermaßen in die Entwicklung der Trendprognose einbezogen.[24]

---

[24] Weitere Literatur ist im Literaturverzeichnis benannt.

	Bezug zur Fragestellung
Baumann 2016	Editorial Design / Content Marketing / Kundenmagazine
Berndsen 2015	Inhaltliche Gestaltung von Mitarbeitermagazinen
Dörfel 2005	Strategisches Corporate Publishing mit Zukunfts-Thesen
Freese / Höflich / Scholz 2012	Strategien und Wirkung von CP
Haumer 2013	Wertschöpfungsbeitrag von Corporate Publishing
Schulz-Bruhdoel / Bechtel 2011	Verbreitungsmöglichkeiten (Crossmedia)
Wachsmuth / Gläser 2014	Editorial Design / Titel- und Inhaltsgestaltung / Heftführung / Navigation
Weichler 2014	CP allgemein: Aufgabe / Funktion
Zappatterra 2007	Editorial Design / Markenidentität / Redesign
Zukunftsinstitut GmbH 2013	Zukunft von Zeitschriften und Büchern

Tab. 1: Untersuchte Literatur im Hinblick auf die Fragestellung.
Quelle: Eigene Darstellung.

5.2 Experteninterviews

Zur Erstellung der Trendprognose werden einschlägige Fachbücher und Studien zu Rate gezogen. Ergänzt werden die Erkenntnisse aus der Literatur um die Erfahrung von drei Corporate-Publishing-Experten aus der freien Wirtschaft sowie der Lehre und Forschung. Dieser explorative Ansatz ermöglicht einen sehr praxisnahen und aktuellen Blick auf das Thema Corporate Publishing, da „Experten ‚Kristallisationspunkte' relevanten Insiderwissens sind."[25].

---

25 Bogner et al. 2014:, S. 2 f.

Die empirische Sozialforschung kennt unterschiedliche Arten von Interviews: Während sich quantitative Interviews insbesondere zum Überprüfen von Hypothesen eignen, werden qualitative Interviews vor allem dazu genutzt, einen detaillierten Einblick über die Ansichten und Einstellungen des Interviewten zu einem bestimmten Thema zu erhalten.[26] Da es um ein sehr spezifisches Thema geht, wurden im Rahmen dieser Arbeit qualitative Experteninterviews geführt.

5.2.1 Die Experten

Prof. Dr. Martin Liebig ist seit mehr als zehn Jahren Professor für Journalismus, Online-Medien und Mediengestaltung an der Westfälischen Hochschule in Gelsenkirchen. Zuvor hat er in diesen Bereichen in Agenturen und als Selbstständiger gearbeitet. Erfahrung im Bereich Corporate Publishing hat er unter anderem durch die Mitgestaltung der Mitarbeiterzeitschrift der Deutschen Bahn und durch die Arbeit für Kunden wie Continental und den Deutschen Fußballverband.[27]

Gernot Speck arbeitet derzeit als Senior-Redakteur bei der PR-Agentur komm.passion in Düsseldorf. Er ist seit 1998 in der PR tätig und hat bereits unzählige Projekte im CP-Bereich umgesetzt, auch auf Basis seiner Erfahrungen als Journalist. Seine Schwerpunkte liegen in der Umsetzung von Studien, Reports, Kunden- und Mitarbeitermagazinen, sowohl im Print- als auch im Online-Bereich.[28]

Das Team der Internen Kommunikation der Wüstenrot & Württembergische AG (W&W AG) mit Maria Dicker, Taida Hasecic und Ulrike Scholz ist im Konzern vorrangig für die Mitarbeiterkommunikation zuständig. Maria Dicker arbeitet bereits seit 35 Jahren in der Kommunikationsabteilung der W&W AG. Seitdem ist sie vorwiegend für das Mitarbeitermagazin und das Intranet zuständig. Taida Hasecic ist als Volontärin mit dem Transfer des gedruckten Mitarbeitermagazins in eine Online-Version betraut worden. Ulrike Scholz arbeitet seit 2008 für

---

26 Vgl. Saunders et al. 2012, S. 376 f.
27 Vgl. Liebig, Anhang Kapitel A1 dieser Arbeit.
28 Vgl. Speck, Anhang Kapitel A2 dieser Arbeit.

die W&W AG. Zuvor war sie bei verschiedenen Agenturen angestellt und lernte dort die interne und externe Kommunikation kennen.[29]

Die drei Experten beleuchten das Thema aufgrund ihres unterschiedlichen beruflichen Umfelds aus verschiedenen Perspektiven: Lehre und Forschung, Agentur und Unternehmen.

Zusammensetzung der Stichprobe wichtiger als ihr Umfang

Die Stichprobe ist zwar sehr klein, lässt sich jedoch aufgrund des unterschiedlichen Arbeitsumfeldes der Befragten auf die Grundgesamtheit der CP-Experten übertragen. Es handelt sich hier um eine bewusste, heterogene Stichprobenziehung, die nach bestimmten Kriterien erfolgte.[30] Heterogen bedeutet hier, dass sich die Stichprobe aus unterschiedlichen Arbeitsumfeldern zusammensetzt.[31]

„Ziel [... dabei, d. Verf.] ist die analytische Verallgemeinerbarkeit von der Stichprobe auf eine Theorie. Zielvorgaben bezüglich der Größe der Stichprobe existieren nicht. Wichtiger als der Umfang ist die Zusammensetzung der Stichprobe."[32]

5.2.2   Befragungssituation

Die Experten wurden persönlich und mündlich in den Räumlichkeiten der Unternehmen bzw. der Hochschule interviewt. Die Befragungen dauerten jeweils zwischen 45 und 90 Minuten. Mit dem Einverständnis der Experten wurde eine Tonaufnahme der Gespräche aufgezeichnet, die anschließend niedergeschrieben wurde (siehe Anhang, Kapitel A1–A3).

Mit dem Ziel, im Rahmen der Interviews möglichst durchdachte Antworten zu erhalten und den Experten die Befragungssituation zu erleichtern, wurde ihnen vorab der Interviewleitfaden zur Verfügung gestellt. Damit konnten sie sich auf

---

29   Vgl. W&W AG, Anhang Kapitel A3 dieser Arbeit.
30   Vgl. Hussy et al. 2010, S. 112.
31   Vgl. ebd., S. 188.
32   Vgl. ebd.

dieses komplexe Thema vorbereiten. Darüber hinaus stellte der Leitfaden sicher, dass während des Gesprächs keine relevanten Punkte vergessen wurden[33].

Bei einem Leitfadeninterview wird jedoch die Reihenfolge der Fragen dem Gesprächsverlauf angepasst oder sie werden gegebenenfalls anders formuliert.[34] Darum sind die Fragen nicht bei jedem Interview identisch (siehe Anhang, Kapitel A1–A3).

6 Definitionen

Für einige der im Rahmen der Arbeit verwendeten Begriffe existiert keine allgemeingültige Definition. Deshalb ist es notwendig, diese Begriffe zunächst genau zu beschreiben. Dabei ist ein Vorgehen von innen nach außen – von der Zeitschrift bis zu Crossmedia – sinnvoll (siehe Abbildung 1).

6.1 Zeitschrift / Magazin

Synonym für „Zeitschrift" wird auch der Begriff Magazin verwendet. Zeitschriften gehören ursprünglich zur Gruppe der Printmedien.[35] Mittlerweile sind aber auch viele Online-Zeitschriften und -Magazine im Netz verfügbar und auf verschiedenen Endgeräten abrufbar.

> *„Wesensmerkmale von Zeitschriften sind die Periodizität (regelmäßige, fortgesetzte Erscheinungsweise), die Publizität (öffentlicher Zugang zum Medium) und die Disponibilität (freie Verfügbarkeit nach Ort und Zeit). Das Merkmal der Aktualität (Gegenwartsbezug) ist bei Zeitschriften nur unter bes. Bedingungen nachweisbar; grundsätzlich sind Zeitschriften nicht primär auf Aktualität ausgerichtet."[36]*

---

33 Vgl. ebd., S. 216.
34 Vgl. Hussy et al. 2010, S. 216.
35 Vgl. Springer Gabler Verlag o. J.a.
36 Ebd.

Online-Ausgaben von Zeitschriften lassen sich inzwischen aber durchaus aktuell halten. Bei Zeitschriften wird in Publikums-, Fach-, Verbands-, Special-Interest- sowie Kunden-[37] und Mitarbeiterzeitschriften unterschieden.

6.2 Corporate Magazines

Wenn Organisationen eigens produzierte Zeitschriften zur zielgerichteten Information bestimmter Anspruchsgruppen veröffentlichen, werden diese Publikationen als Corporate Magazines bezeichnet. Dabei ist es unerheblich, ob es sich bei der Zielgruppe um beispielsweise Endkunden, Aktionäre oder Mitarbeiter handelt.

Vor einigen Jahren wurden Kundenzeitschriften noch als „in der Regel periodisch erscheinende und oft, aber keinesfalls immer gratis verteilte Druckwerke mit informativem und / oder unterhaltendem redaktionellen Inhalt"[38] verstanden.

„Sie gelten als äußerst erfolgreiches Instrument der Kommunikations- und Marketingpolitik eines Unternehmens und werden entweder direkt oder durch Einzelhändler an die Kunden des Unternehmens verteilt."[39]

Zeitschriften, Bücher und TV-Produktionen

Heute werden die von Unternehmen herausgegebenen Zeitschriften als Corporate-Publishing-Produkte definiert.[40] Handelt es sich bei einem solchen Produkt um ein Magazin, spricht man demnach von einem Corporate Magazine, bei einem Buch von einem Corporate Book sowie bei einer Fernsehproduktion von Corporate TV und so weiter.

---

37   Vgl. Springer Gabler Verlag o. J.a.
38   Zanetti 2012, S. 183.
39   Ebd.
40   Vgl. ebd.

6.3 Corporate Publishing

Der Begriff Corporate Publishing ist ein Scheinanglizismus, der sich in Deutschland durchgesetzt hat. Der englische Ausdruck lautet Corporate Media.[41] Eine allgemeingültige, wissenschaftliche Definition des Begriffs Corporate Publishing gibt es bis heute jedoch nicht.

Imagemedien mit klarem Ziel

Experten sind sich aber darüber einig, dass Corporate-Publishing-Produkte „alle Arten von contentgetriebenen Angeboten wie Print-, Online-, Event-, Mobile- und TV-Unternehmensmedien [beinhalten, d. Verf.], die das Ziel haben, Kunden, Mitarbeiter und potenzielle Neukunden zu gewinnen, zu binden oder zu halten."[42]

Der Branchenverband Content Marketing Forum (ehemals Forum Corporate Publising) verstand CP als „einheitliche interne und externe, journalistisch aufbereitete Informationsübermittlung eines Unternehmens über alle erdenklichen Kommunikationskanäle (offline, online, mobile), durch welche ein Unternehmen mit seinen verschiedenen Zielgruppen permanent / periodisch kommuniziert. Neben Endkunden sind auch Mitarbeiter, Händler, Zulieferer, Aktionäre etc. relevante Zielgruppen, die mit den für sie interessanten Unternehmensinformationen versorgt werden."[43]

Auch Weichler legt bei der Definition von CP Wert auf die journalistische Aufbereitung der Inhalte.[44] Außerdem geht er auf die Ziele ein:

„Das Corporate Publishing zielt dabei in erster Linie auf Kundenbindung, Imageaufbau und Absatzförderung ab."[45]

---

41   Vgl. Bentele / Brosius / Jarren 2013, S. 46.
42   Zanetti (2012), S. 183.
43   FCP in Business-Wissen.de 2009.
44   Vgl. Weichler 2014, S. 770.
45   Ebd.

6.4 Content Marketing

Dass sich der Branchenverband im Jahr 2015 zum Content Marketing Forum (CMF) umbenannt hat, zeigt, welche Relevanz dem Content Marketing zugeschrieben wird. Für CMF-Vizepräsident Dr. Christian Fill ist die Umbenennung „eine Konsequenz aus der Marktentwicklung [...]".[46] Content Marketing habe sich vom Buzzword zum festen Branchen- und Gattungsbegriff entwickelt – es sei also eine logische Evolution gewesen, dass aus dem Forum Corporate Publishing das Content Marketing Forum wurde.[47] Den Begriff Content Marketing definiert der Verband folgendermaßen:

„Content Marketing ist als Unternehmens-, Marken- und Produkt- und Mitarbeiterkommunikation getrieben von relevanten, redaktionellen Inhalten. Content Marketing nutzt alle verfügbaren Medienkanäle wie Print, Video, Mobile und Online – jeweils einzeln und in crossmedialen Mediensystemen. Content Marketing entfaltet [eine, Anm. der Verf.] messbare Wirkung entlang der gesamten Customer Journey und in der Internen Kommunikation. Die Kommunikationseffekte reichen von der Steigerung des Bekanntheitsgrades über Imagepflege und Kundenbindung bis hin zur Neukundengewinnung und dem Auslösen unmittelbarer Kaufimpulse."[48]

Keine Werbung

Die Informationen, die (potenziellen) Kunden zur Verfügung gestellt werden, sollen dabei einen Nutzwert haben, aber nicht werblich sein. Content Marketing erlaubt daher auch die Vermittlung komplexer Themenbereiche. Damit lässt sich die öffentliche Wahrnehmung von Unternehmen, Produkten etc. beeinflussen. Content Marketing wird bei verschiedensten Maßnahmen im Rahmen der Unternehmenskommunikation eingesetzt. Beispielhafte Anwendungsfelder sind Offline- und Online-PR, E-Mail- oder Social-Media-Marketing.[49]

---

46   FCP 2015c.
47   Vgl. ebd.
48   FCP 2015b.
49   Vgl. Onlinemarketing-Praxis o. J.

6.5 Corporate Publishing vs. Content Marketing

Es ist ersichtlich, dass sich die Definitionen von Content Marketing und Corporate Publishing sehr ähneln und sich im Laufe jüngerer Marktentwicklungen auch durch die fortschreitende technische Entwicklung immer mehr angenähert haben.

Der Begriff Corporate Publishing hat sich ursprünglich vorwiegend für den Bereich der Kunden-/Mitarbeitermagazine etabliert, aber wie zuvor beschrieben durch die Digitalisierung deutlich weiterentwickelt.

Alter Wein in neuen Schläuchen

Content Marketing dagegen ist im Grunde die (bereits lang praktizierte) Voraussetzung für die klassische Öffentlichkeitsarbeit: Ihr Ziel ist es seit jeher, mit relevanten Inhalten und Geschichten ihre Zielgruppen zu informieren. Demnach kann Content Marketing mit der klassischen PR-Konzeption gleichgesetzt werden.[50] Die im Rahmen dieser Arbeit befragten Experten bezeichnen Content Marketing als Buzzword.[51]

Auch weil sich diese Arbeit vordergründig mit Corporate Magazines beschäftigt, soll der Begriff Corporate Publishing im Folgenden daher in seiner ursprünglichen Form verwendet werden.

6.6 Öffentlichkeitsarbeit / Public Relations

Unter Öffentlichkeitsarbeit wird die „zielgerichtete Kommunikation einer Organisation mit ihrem Umfeld, den sogenannten Stakeholdern (zu deutsch Anspruchsgruppen)"[52] verstanden. Im Gegensatz zur Unternehmenskommunikation schließt der Begriff Öffentlichkeitsarbeit auch die Arbeit von beispielsweise Non-

---

50   Vgl. Scheidtweiler 2013.
51   Vgl. Speck 2016, Anhang Kapitel A2 dieser Arbeit und Liebig 2016, Anhang Kapitel A1 dieser Arbeit.
52   Steinke 2015, S. 3.

Profit-Organisationen, politischen Parteien oder Behörden mit ein.[53] Öffentlich-keitsarbeit ist aber Albert Oeckl, dem Mitbegründer der Deutschen Public Relations Gesellschaft (DPRG), zufolge auch deshalb die passende Übersetzung für den englischen Begriff Public Relations, weil er Dreifaches ausdrückt:

„Arbeit mit der Öffentlichkeit, Arbeit für die Öffentlichkeit, Arbeit in der Öffentlichkeit. Wobei unter Arbeit das bewusste, geplante und dauernde Bemühen zu verstehen ist, gegenseitiges Verständnis und Vertrauen aufzubauen und zu pflegen."[54]

6.7 Crossmedia

Eine im Jahr 2006 aufgestellte Definition bezeichnet Crossmedia als

„1. die formale, inhaltliche und zeitliche Vernetzung
2. externer Kommunikationsmaßnahmen
3. über mehrere Kommunikationskanäle."[55]

Synergie-Effekte nutzen

Das Gabler Wirtschaftslexikon hebt bei dem Begriff Crossmedia den parallelen Einsatz „möglichst synergetisch wirkender Medien"[56] hervor. Die Synergien des Medieneinsatzes sollten im Rahmen der Definition unbedingt genannt werden, da eine gute Crossmedia-Strategie genau darauf abzielt: Die untereinander vernetzten Kanäle sollen die Zielgruppe auf dem Kanal abholen, auf dem sie sich wohl fühlt, sie gleichzeitig aber auch dazu verleiten, andere Kanäle ebenfalls kennenzulernen.

Ein Beispiel dafür ist als Verknüpfungspunkt zwischen Print und Mobile der QR-Code. Scannt ein User den Code in einem Print-Magazin mit seinem Smartphone,

53 Vgl. Steinke 2015, S. 3.
54 Oeckl 1964.
55 Netz 2006, S. 20.
56 Springer Gabler o. J.b.

kommt er in den Genuss eines verlängerten Artikels, zum Beispiel in Form einer Bildstrecke oder eines Videos.[57]

Crossmediale Einbindung von Mitarbeitern

Zudem darf sich Crossmedia nicht nur auf externe Kommunikationsmaßnahmen beziehen, auch die interne Kommunikation sollte crossmedial arbeiten. So ist beispielsweise die Verknüpfung zwischen gedrucktem Mitarbeitermagazin und Intranet heute fast an der Tagesordnung.

Daher wird der Begriff Crossmedia im Rahmen dieser Arbeit folgendermaßen definiert:

Crossmedia bezeichnet die konsequente inhaltliche und zeitliche Vernetzung von Inhalten kommunikationstreibender Organisationen über mehrere Kanäle hinweg mit dem Ziel, synergetische Effekte zu erzeugen.

---

57   Vgl. Speck, Anhang Kapitel A2 dieser Arbeit.

6.8   Einordnung der definierten Begriffe

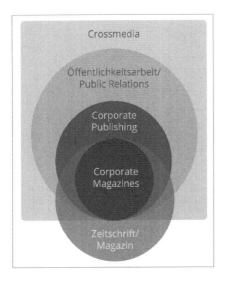

Abb.1: Zusammenhang der definierten Begriffe im Bereich Corporate Publishing.
Quelle: Eigene Darstellung.

Die Betrachtungsweise von Abbildung 1 erfolgt von innen nach außen und beschreibt die Begriffe von der Zeitschrift bis hin zu Crossmedia: Jedes Corporate Magazine ist eine Zeitschrift, aber nicht jede Zeitschrift ein Corporate Magazine. Die Corporate Magazines sind als Werkzeug des Corporate Publishings beziehungsweise des Content Marketings einzuordnen.

Corporate Publishing gilt wiederum als Instrument der Öffentlichkeitsarbeit.[58] Da Crossmedia die Vernetzung aller Kommunikationskanäle beschreibt (siehe Kapitel 6.7: Crossmedia), „umklammert" dieser Ausdruck, wie in Abbildung 1 dargestellt, die übrigen Begriffe.

---

58   Vgl. Weichler 2014, S. 769.

7   Medienkonvergenz

Im Zusammenhang mit der zuvor genannten Fragestellung spielt die Medienkonvergenz eine große Rolle.

„Unter Medienkonvergenz versteht man einen (...) Prozess oder Zustand, der die Verschmelzung verschiedener Medien bzw. Kommunikationskanäle auf der technischen, der inhaltlichen Ebene und der Nutzungsebene beschreibt."[59]

„[...M]edia convergence refers to a situation in which multiple media systems coexist and where media content flows fluidly across them. Convergence is understood here as an ongoing process or series of intersections between different media systems, not a fixed relationship."[60]

Produktions- und Nutzungsverhalten beeinflussen die Konvergenz

Demnach wird der Prozess der Medienkonvergenz durch zwei grundlegende Komponenten beeinflusst: Durch die Art der Produktion von Medien und die Art der Nutzung dieser Medien.[61] Einer der Prozesse ist somit durch die Medienmacher getrieben, während der andere durch die Mediennutzer stimuliert wird. Damit stehen sich zwei parallel verlaufende und sich gegenseitig beeinflussende Entwicklungen gegenüber.[62]

Abbildung 2 macht das Verhältnis von Medienproduzenten und -konsumenten sichtbar.

---

59   Koschnick 2010, S. 1.
60   Jenkins 2006, S. 282.
61   Vgl. ebd., S. 16.
62   Vgl. ebd., S. 18.

7.1 Mediennutzer und Medienmacher

Auch wenn diese beiden Gruppen sich in Abbildung 2 einzeln gegenüberstehen, sollten sie nicht zu stark voneinander abgegrenzt werden. Zwar sind nicht alle Mediennutzer auch Medienmacher – wobei es dank des Web 2.0 noch nie leichter war, ein Medienmacher zu sein. Dennoch sind schließlich alle Medienmacher auch Mediennutzer. Mit Letzteren steht also eine sehr große Gruppe der zwar kleineren, aber stetig wachsenden Gruppe der Medienmacher gegenüber.

Dass diese beiden Gruppen sich gegenseitig beeinflussen, lässt sich leicht erklären: Indem Mediennutzer neuen Technologien oder Nutzungsarten offen gegenüberstehen und diese in ihren Alltag integrieren, bestätigen sie die Medienmacher in ihrer Arbeit. Diese wiederum versuchen auf Grundlage der Erwartungen der Nutzer, neue Technologien oder Nutzungswege zu entwickeln. Auf diese Weise ist die stetige Weiterentwicklung der Medien gesichert.

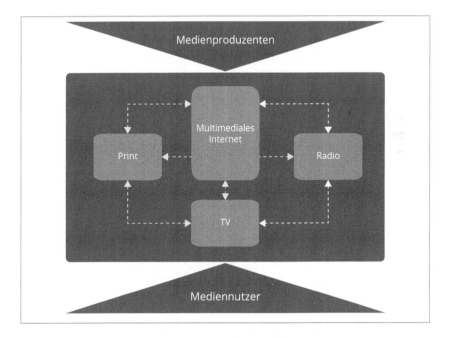

Abb. 2: Einflussfaktoren auf die Medienkonvergenz. Quelle: Eigene Darstellung.

Gesteigerte Erwartungshaltung von „Digital Natives"

Mediennutzer werden auch von äußeren Einflüssen geprägt, die gesellschaftlicher und kultureller Natur sind. So stehen Digital Natives Medienmachern auch mit einer gesteigerten Erwartungshaltung gegenüber.

Auf inhaltlicher Ebene hat die Medienkonvergenz die (gleichzeitige) multiple Vermarktung von medialen Angeboten zur Folge.[63] Das bedeutet, dass sich Inhalte eines einzelnen Mediums auf die eines anderen Mediums beziehen.[64] Wenn eine Reportage zum Beispiel sowohl in der gedruckten Tageszeitung als auch online veröffentlicht wird, spricht man zudem von Crossmedia[65] (Kapitel 5.6 Crossmedia).

7.2 Komplementäre vs. substitutive Mediennutzung

Im Rahmen der Medienkonvergenz werden aktuell die Komplementarität (Ergänzung) und die Substitution (Verdrängung) von Medien diskutiert. Insbesondere über das Verhältnis des Internets gegenüber anderen Kommunikationswerkzeugen im Mediensystem wird stark debattiert. Das Internet beziehungsweise der Computer als Schnittstelle aller Medien ist die treibende Kraft der technischen Konvergenzentwicklung. Seine Multimedialität bietet die Möglichkeit, Videos abzuspielen, fernzusehen, Nachrichten abzurufen, Radio oder im Allgemeinen Musik zu hören. Gleichzeitig ist auch ein direktes und damit interaktives Feedback durch den Nutzer möglich.[66] Diese umfassende Multimedialität ist bei keinem anderen Medium gegeben. Daher nimmt das Internet in Abbildung 2 auch eine prominente Position ein.

---

63 Vgl. Koschnick 2010, S. 1.
64 Vgl. Bales 2012, S. 24.
65 Vgl. Koschnick 2010, S. 1.
66 Vgl. ebd.

Aus der Sicht der Nutzer erfüllen Medien jedoch die unterschiedlichsten Funktionen. Daher ist die These der Komplementarität zwischen den Medien deutlich naheliegender als eine substitutive Nutzung[67]:

„Jedes Medium und jeder Kanal hat spezifische Stärken. Die Kombination von Mailings, Online und Print im Konzert mit den Kundenmagazinen ist das Gebot der Stunde, da die Zielgruppen die Medien komplementär, und nicht substitutiv nutzen."[68]

Untermauert wird dieser Standpunkt auch durch das Rieplsche Gesetz (siehe Kapitel 3: Forschungsfrage und Hypothesen).

8 Ziele und Wirkung von Corporate Publishing

Herausgebende Organisationen verfolgen mit ihren CP-Aktivitäten bestimmte Ziele, die die CP-Strategie grundlegend beeinflussen. Bevor die Trends im CP-Bereich genau untersucht werden können, müssen zunächst diese Ziele dargestellt werden.

Die Vorhaben, die sich mithilfe von Corporate-Publishing-Instrumenten erfüllen sollen, sind sehr vielfältig. Abbildung 3 zeigt oft genannte Ziele[69] und bringt sie in eine Rangordnung.

---

67 Vgl. Koschnick 2010, S. 1.
68 Lücke 2012, S. 242.
69 Vgl. Olavarria 2012, S. 16.

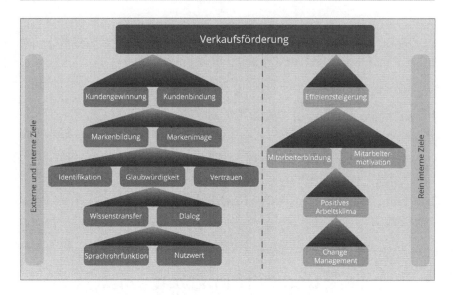

Abb. 3: Externe und rein interne Ziele von Corporate Publishing.
Quelle: Eigene Darstellung.

Externe Ziele sind immer auch interne Ziele

Die in Abbildung 3 genannten Begriffe lassen sich in externe und rein interne Ziele unterteilen. Dabei sind externe Ziele auch immer interne Ziele – zumindest indirekt. So sind beispielsweise eine Sprachrohrfunktion des CP-Produkts, sein Nutzwert sowie die Dialogmöglichkeit und der Wissenstransfer Ziele, die intern und extern gelten. Dasselbe gilt für Identifikation, Glaubwürdigkeit und Vertrauen – diese Werte will eine Organisation sowohl bei internen als auch externen Stakeholdern hervorrufen.

Jedoch lassen sich die Ziele auch in verschiedene Wirkungsstufen einteilen, da einige Ziele durch die Erreichung anderer Ziele positiv beeinflusst werden: Dient das CP-Produkt als Sprachrohr und bietet es dem Leser einen Nutzwert sowie Dialogmöglichkeiten, kann es damit Werte wie Identifikation, Glaubwürdigkeit und Vertrauen erzielen. Auch lässt sich durch die zuvor genannten Werte das Markenimage stärken beziehungsweise die Markenbildung fördern. Dies gilt auch für die

Arbeitgebermarke. So können Organisationen Kunden und Mitarbeiter an sich binden und neue hinzugewinnen.

Die Verfolgung interner Ziele kann die Effizienz steigern

Unterstützt das CP-Produkt im internen Bereich das Change Management, kann daraus ein positives Arbeitsklima resultieren. Dadurch steigt die Mitarbeitermotivation und die Bindung der Mitarbeiter an die Organisation, was auf eine Steigerung der Effizienz hoffen lässt.

Zuletzt ist als ein indirektes, aber übergeordnetes Ziel von CP-Produkten die Verkaufsförderung beziehungsweise seine betriebswirtschaftliche Wirkung zu nennen. Letztlich zielen alle Bestreben, ob im Marketing oder der PR, ob intern oder extern, auf dieses übergeordnete Ziel ab. Eine Studie von Haumer hat gezeigt, dass Corporate Publishing auch die Kundenloyalität positiv beeinflusst und damit „direkt zur betriebswirtschaftlichen Wertschöpfung in Unternehmen beiträgt."[70]

Selbstverständlich ist, dass ein einzelnes CP-Produkt nicht all diese Ziele erreichen kann. Zwar kann ein Printmagazin den Lesern einen Nutzwert bieten und auf diese Weise Kunden beziehungsweise Mitarbeiter an die Organisation binden, jedoch sind hier beispielsweise die Dialogmöglichkeiten eingeschränkt. Dagegen steht der Dialog zum Beispiel bei Social-Media-Aktivitäten im Vordergrund.[71] Dort ist es jedoch schwierig, komplexe Themen zu behandeln. Folglich ist die sinnvolle Kombination verschiedener CP-Instrumente zur Erreichung der genannten Ziele ausschlaggebend.

Erfolg von Corporate Publishing nach wie vor schwer messbar

Jedoch sind all diese Bestrebungen – zumindest im Zusammenhang mit Corporate Publishing – sehr schwer messbar. Neukunden und Absatzzahlen lassen sich zwar schnell erfassen, welchen Anteil die CP-Maßnahmen einer Organisation dazu beigetragen haben, ist allerdings nur sehr mühsam zu ermitteln.

---

70   Haumer 2013, S. 171.
71   Vgl. Olavarria 2012, S. 16.

Dass sich CP-Produkte für Organisationen dennoch lohnen, zeigen zum Beispiel die Ergebnisse einer Studie zur Aktivierungsleistung von Kundenmagazinen: 44,3 Prozent der Leser von Kundenzeitschriften haben aufgrund eines dort gelesenen Berichts schon einmal die Filiale des herausgebenden Unternehmens besucht. 41,5 Prozent haben sich nach der Lektüre eines Artikels in einem Kundenmagazin zumindest die Website der Organisation angeschaut.[72]

9 Trends und Faktoren

Im Rahmen der Experteninterviews und der Sichtung der Literatur sind einige Faktoren zur Sprache gekommen, die die Zukunft gedruckter CP-Produkte maßgeblich beeinflussen werden. Zur Beantwortung der Fragestellung nach dem Rückgang gedruckter CP-Produkte werden diese im Folgenden einzeln diskutiert.

9.1 „Zeitungssterben"

Vor knapp 100 Jahren genoss die Zeitung als Massenmedium eine Monopolstellung. Manche Zeitungen erschienen sogar vier Mal täglich. Zwar gab es auch innerhalb der letzten 50 Jahre nie mehr Zeitschriften auf dem deutschen Markt als heute, jedoch ist der Abwärtstrend bereits zu erkennen. Was mit dem „Zeitungssterben" 2012 durch die Auflösung der Frankfurter Rundschau und der Financial Times Deutschland begann, setzt sich fort: Wenn die Auflagenzahlen im gleichen Maß wie bisher absinken, gäbe es im Jahr 2043 in den USA keinen einzigen Leser einer gedruckten Zeitung mehr.[73]

Demnach ist im Allgemeinen eine Schwächung des Print-Marktes zu beobachten. Diese muss jedoch nicht für alle Anwendungsbereiche gelten, da wie bereits diskutiert, Medien unterschiedliche Funktionen im Medienmix erfüllen (siehe Kapitel 7.2: Komplementäre vs. substitutive Mediennutzung). So sind

---

72   Vgl. Siegfried Vögele Institut et al. 2011, S. 20.
73   Vgl. Huber 2013, S. 110 f.

Print-Produkte sicherlich nicht mehr Spitzenreiter bei schnellen Nachrichten, dafür aber als „Genussmedium" beliebt (siehe Kapitel 11.2: Arten des Lesens und Nutzungsmotive).

9.2 Interne (digitalisierte) Kommunikation

Die Kanäle Print und Digital erfüllen im Corporate Publishing heute oft unterschiedliche Funktionen. Trotz des digitalen Vormarsches spielt Print gerade im Bereich der Mitarbeiterkommunikation nach wie vor eine große Rolle.

Vor allem in der Industrie, etwa bei Automobilkonzernen, hat der Großteil der Mitarbeiter keinen Computerarbeitsplatz. Diese Mitarbeiter sind also gar nicht in der Lage, sich beispielsweise über das Intranet zu informieren: „Hier spielt die klassische Mitarbeiterzeitung ihre Stärken aus."[74] Zudem ist das ausgiebige Lesen einer Mitarbeiterzeitschrift während der Arbeitszeit im getakteten Tagesablauf meistens nicht vorgesehen. Viele Mitarbeiter lesen es demnach auf dem Arbeitsweg oder zu Hause. Dies ist mit einem Print-Magazin am einfachsten möglich.[75]

Gedruckte Mitarbeitermagazine beliebt

Dass das Mitarbeitermagazin nach wie vor lieber gedruckt gelesen wird, bestätigt auch die Erfahrung der Wüstenrot & Württembergische AG (W&W AG): Hier wurde das gedruckte Mitarbeitermagazin zunächst durch ein PDF und kurz darauf durch ein Online-Magazin ersetzt, das allerdings nur im Intranet über das Firmennetzwerk verfügbar ist. Hier sind die Klickzahlen nun so gering, dass die komplette Abschaffung des Magazins im Raum steht. Die Mitarbeiterkommunikation der W&W AG soll sich dann künftig noch mehr im Intranet abspielen. Spielte der Kostendruck aber keine Rolle, würde die Kommunikationsabteilung gern wieder zum gedruckten Magazin zurückkehren, vor allem weil sich die Mitarbeiter dadurch auch wertgeschätzt fühlten:[76]

---

74 Ebel 2005, S. 118.
75 Vgl. Speck, Anhang Kapitel A2 dieser Arbeit.
76 Vgl. W&W AG, Anhang Kapitel A3 dieser Arbeit.

„Ein gedrucktes Magazin macht die Mitarbeiter ja auch stolz. Sie können es mit nach Hause nehmen und der Familie, den Nachbarn und im Freundeskreis zeigen… Das hat schon eine ganz andere Qualität."[77]

Auch für die Pensionäre, die ja ebenfalls Kunden und Influencer sein können, war die Einstellung des Print-Magazins sehr enttäuschend. Dadurch verloren sie ihren direkten Draht zum alten Arbeitgeber. Zudem lasen auch Ehepartner und Kinder der Angestellten das Magazin, das demnach deutlich mehr Leser als nur die eigenen Angestellten erreichte.[78] „Damit hat man schon viel aufgegeben."[79]

Digitalisierung durch Einbettung in ein Gesamtkonzept

Dagegen scheint die Abschaffung gedruckter Mitarbeitermedien an anderer Stelle zu funktionieren. Der Technologieriese Siemens legte seine interne und externe Kommunikation zusammen und verzichtet seit Ende 2015 auf die Print-Ausgabe der „SiemensWelt". Die weltweit knapp 350.000 Mitarbeiter erhalten ihre Infos nun über ein je nach Standort des Mitarbeiters individualisiertes Intranet und das dort verfügbare Online-Magazin. Über Bildschirme in den Pausenräumen der Werke werden Mitarbeiter informiert, die über keinen Computer verfügen.[80]

Durch die Nutzung dieser vielfältigen digitalen Informationskanäle wurde „[…] Print nicht einfach durch Online ersetzt, sondern das elektronische Mitarbeitermagazin in ein Gesamtkonzept eingebettet und die Relevanz der Inhalte erhöht. Einfach nur von Print auf Online umzustellen, wäre zu wenig."[81]

Strukturierung der Kommunikationsabteilung nach Themen

Um diesen Weg erfolgreich zu gehen, waren aber grundlegende Veränderungen innerhalb der Kommunikationsabteilung notwendig: Vor der organisatorischen Neuaufstellung im Oktober 2014 gab es, wie in vielen Kommunikationsabteilungen, ein Team für das gedruckte Mitarbeitermagazin, eines für das Intranet und ein

---

77 Vgl. Scholz, Anhang Kapitel A3 dieser Arbeit.
78 Vgl. Scholz / Dicker, Anhang Kapitel A3 dieser Arbeit.
79 Scholz, Anhang Kapitel A3 dieser Arbeit.
80 Förster 2016, S. 24 f.
81 Roggenbuck in Förster 2016, S. 24.

weiteres für die Betreuung der Social-Media-Kanäle. Heute sind die Teams nicht mehr nach Kanälen, sondern nach Themen unterteilt. Diese werden dann vom „Channel-Team" für alle Kanäle angepasst und entsprechend koordiniert.[82]

Das Ziel bei der Transformation war neben der Digitalisierung und der Kostensenkung auch die Reichweite der Inhalte bei den Mitarbeitern zu erhöhen. Auch Externe können jetzt auf das Magazin zugreifen, was die Verschmelzung der internen und externen Kommunikation noch deutlicher zum Ausdruck bringt. Roggenbuck räumt ein, dass es in manchen Ländern langjährige Mitarbeiter gebe, die lieber das gedruckte Mitarbeitermagazin lesen würden.[83] „Aber die überwiegende Mehrzahl der Kollegen wünscht sich Social Media, Echtzeitkommunikation, voll ausgebaute digitale Kanäle mit Dialogmöglichkeiten."[84]

Ganzheitliches Kommunikationskonzept

Damit bei der Firma Siemens die Mitarbeiterzeitschrift und allgemeine News auch jederzeit verfügbar sind, wurde eine eigene App entwickelt. Damit können Mitarbeiter auch mobil auf diese Informationen zugreifen.[85] Welche Rolle die mobile Mediennutzung auch an anderer Stelle spielt, zeigt das nachfolgende Kapitel.

Mit diesem ganzheitlichen Konzept und der Verschmelzung der internen und externen Kommunikation hat es Siemens geschafft, innerhalb von zwei Jahren die Zugriffe auf die Intranet-News um 300 Prozent und die auf das digitale Mitarbeitermagazin um 65 Prozent zu steigern.[86] Diese Zahlen sind allerdings auch kritisch zu sehen, da den Mitarbeitern schließlich die Wahl des Informationskanals durch die Abschaffung des Print-Magazins genommen wurde.

---

82   Vgl. Förster 2016, S. 25.
83   Vgl. ebd., S. 25.
84   Roggenbruck in Förster 2016, S. 25.
85   Vgl. Förster 2016, S. 25.
86   Vgl. ebd, S. 24 f.

9.3 Mobile Mediennutzung

Der mobile Internetkonsum hat seit der Erfindung der Smartphones stetig zu-
genommen. Die tägliche Nutzung stieg seit 2011 von 8 auf 23 Prozent im Jahr
2015 an.[87] Noch ist aber Mobile Only „kein großes Thema in Deutschland".[88]
Nur 4,2 Prozent der besonders mobil-affinen, jungen Leute zwischen 14 und 29
Jahren nutzen ausschließlich mobile Angebote. Der Großteil der Online-Nutzer
in dieser Altersgruppe greift sowohl auf mobile als auch auf stationäre Angebote
(89 Prozent) zurück. Auf diese Weise surfen bei den über 50-Jährigen nur knapp
die Hälfte, der Rest nutzt ausschließlich stationäre Angebote.[89]

Nachrichtenportale werden häufig mobil besucht

Trotzdem gibt es einige Webseiten, die mobil mittlerweile häufiger genutzt werden als stationär. Das ist vor allem bei Nachrichtenangeboten wie Spiegel Online,
kicker online oder FOCUS Online der Fall. Abbildung 4 zeigt die laut IVW (In-
formationsgemeinschaft zur Feststellung der Verbreitung von Werbeträgern) die
acht am häufigsten angeklickten Online-Portale im April 2016.[90]

---

87   ARD / ZDF-Medienkommission 2015.
88   Brandt 2016b.
89   Vgl. ebd.
90   VPRT 2016.

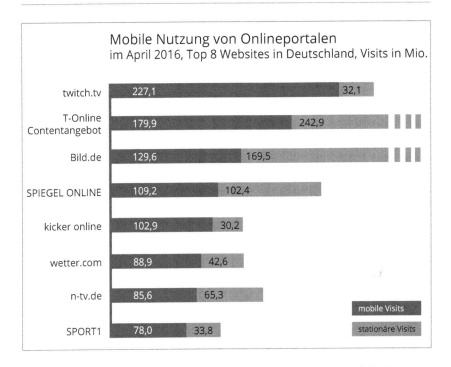

Abb. 4 Die zehn Internetportale mit den meisten mobilen Visits im April 2016.
Quelle: Eigene Darstellung unter Berücksichtigung der Ergebnisse der
IVW und des VPRT (2016).

Zudem ist der Anteil der mobilen Internetnutzer in Deutschland seit 2011 von 13 Prozent bis 2016 auf 63 Prozent angestiegen. 56 Prozent surften dieses Jahr mit einem Smartphone oder einem Tablet.[91] Der Mobile-Trend steigt also mit den zunehmenden Absatzzahlen mobiler Endgeräte weiter an.

Von 2010 bis 2016 wurden weltweit mehr als 900 Millionen Tablets verkauft.[92] Die Verkaufszahlen von Smartphones entwickelten sich seit 2007 von rund 122 Millionen Stück auf mehr als 1.420 Millionen Stück im Jahr 2015 steil nach oben.[93] Dagegen nimmt der Verkauf von Desktop- und portablen Computern seit 2011 langsam, aber kontinuierlich ab. Im Jahr 2020 sollen laut Prognose der

---

91   FUR / Statista 2016.
92   IDC / Statista 2016a.
93   Gartner / Statista 2016.

International Data Corporation (IDC) nur noch rund 250 Millionen Stück verkauft werden. In Relation zu 358 Millionen verkauften Stück im Jahr 2010 würde
das einen Rückgang um knapp 30 Prozent innerhalb von zehn Jahren bedeuten.[94]

Weitere Zunahme wahrscheinlich

Demnach ist eine weitere starke Zunahme der mobilen Mediennutzung innerhalb
der kommenden Jahre sehr wahrscheinlich. Darauf werden sich Verlage und Organisationen im Rahmen ihrer CP-Aktivitäten einstellen müssen:

*„Mobil und in Bewegung sind Menschen leicht erreichbar für Medien,
denn das Dazwischen ist eine der zentralen Mediensituationen unserer
Gegenwart: Medieninhalte sind dann Zeitvertreib und bestenfalls
eine Geste des Bildungsnachweises. Immerzugänglichkeit ist daher ein
wesentlicher Wunsch vieler Nutzer [...].“*[95]

9.4 Haptik

Dem Mobile-Trend entgegen wirkt jedoch der Faktor „Haptik". Denn:

*„Das Bedürfnis der Konsumenten nach dem Geruch von Tinte, der Haptik
schönen Papiers, von Prägung und dem Gefühl, etwas in der Hand zu
haben, wächst mit der Menge des digitalen Contents.“*[96]

Auch die im Rahmen dieser Arbeit interviewten Experten waren sich darüber einig, dass Print-Produkte im Gegensatz zu digitalen Angeboten auf die Leser nach
wie vor einen großen Reiz ausüben, weil sie dann etwas Konkretes „in der Hand
halten"[97]:

---

94 IDC / Statista 2016b.
95 Huber 2013, S. 114 f.
96 Kirig 2014, S. 80.
97 Scholz 2016, Anhang Kapitel A3 dieser Arbeit.

„Papier als Druckstoff ist schlicht und ergreifend teurer. Das heißt, eine
gedruckte Information strahlt allein durch den gefühlten Mehraufwand in
seiner Erstellung eine hohe Wertigkeit aus."[98]

Print ist etwas „Bleibendes"

Gedruckte Zeitschriften werden zudem gerne aufgehoben, um später noch mal
etwas nachlesen zu können. Viele Leser genießen es, in Zeitschriften zu blättern
und geben an, sich auf Papier Gelesenes besser merken zu können als Texte am
Bildschirm.[99] Hinzu kommt, dass das Aufschlagen eines Magazins ein anderes Gefühl hervorruft, als das Besuchen einer Website, die sich mit einem Klick wieder
schließen lässt. Ein analoges Medium in die Hand zu nehmen, es aufzuschlagen
und es wieder wegzulegen, erfordert jeweils eine bewusste Entscheidung[100] und somit eine stärkere Auseinandersetzung mit dem Medium.

Zudem unterscheidet sich im Print- und Digital-Bereich die Einstellung der Konsumenten zum Entsorgen der Produkte:

„Eine E-Mail ist schnell gelöscht, aber was man auf dem Tisch hat, nimmt
man schon mal eher in die Hand und schmeißt es nicht sofort weg. Gerade,
wenn es sich um ein hochwertiges Print-Produkt handelt."[101]

---

98 Liebig 2016, Anhang Kapitel A1 dieser Arbeit.
99 Vgl. IfD Allensbach / Statista 2015b.
100 Vgl. Liebig 2016, Anhang Kapitel A1 dieser Arbeit.
101 Speck 2016, Anhang Kapitel A2 dieser Arbeit.

9.5   Aufmerksamkeitswert

Ein willkommenes Nebenprodukt der Haptik ist der erhöhte Aufmerksamkeitswert eines Print-Produkts. Eben weil es eine hohe Wertigkeit ausstrahlt, erweckt es
bei potenziellen Lesern mehr Aufmerksamkeit als ein digitales Produkt. Bei kos-
tenlosen Druckwerken entsteht sogar ein „Geschenkcharakter", der die Schwelle,
es ungelesen in den Müll zu werfen, beim Leser deutlich erhöht.[102] Zudem sind
Print-Produkte offenkundig seltener als Online-Angebote: Auf eine gedruckte
Broschüre kommen bis zu 15 digitale Newsletter, die die Aufmerksamkeit des
Nutzers erregen wollen.[103]

Insgesamt lösen Print-Produkte gerade im Zeitalter der Digitalisierung einen
höheren Aufmerksamkeitswert bei den Konsumenten aus. Zum Beispiel werden
auch besonders hochwertige Drucktechniken oder personalisierte Print-Produkte
von Verbrauchern geschätzt.[104]

Mobile Mediennutzung gewöhnt an das Lesen am Bildschirm

Dass die Konsumenten auch beim Lesen selbst auf Papier aufmerksamer sind als
am Bildschirm, zeigen mehrere Studien.[105] Digitale Inhalte lesen sie zwar „nicht
langsamer, aber unaufmerksamer".[106] Es ist daher keine Seltenheit, dass Leser Inhalte aus dem Web zunächst auf Papier ausdrucken, um sie dann entspannt lesen zu
können. Trotzdem liegt die Vermutung nahe, dass sich dies mit dem Fortschreiten
der Digitalisierung und der Nutzung mobiler Endgeräte ändern wird, da Konsumenten sich mehr und mehr an das Lesen am Bildschirm gewöhnen werden:
Zum einen ist das Drucken von Inhalten auf Papier von unterwegs schlichtweg
nicht möglich – wer sich also mobil auf dem Laufenden halten möchte, muss ein
Druckwerk bei sich haben oder es gezwungenermaßen am Bildschirm lesen. Zum
anderen sind die Nachrichten, insbesondere in sozialen Netzwerken und Blogs,
sehr kurz gehalten, sodass sich ein Ausdrucken in diesen Fällen nicht lohnt.

---

102 Vgl. Liebig 2016, Anhang Kapitel A1 dieser Arbeit.
103 Vgl. Speck 2016, Anhang Kapitel A2 dieser Arbeit.
104 Vgl. Hadem 2015.
105 Vgl. Graff 2010 und vgl. IfD Allensbach / Statista 2015b.
106 Liebig 2016, Anhang Kapitel A1 dieser Arbeit.

Fragt man die Menschen allerdings nach ihrem präferierten Lesemedium bei längeren Texten, lautet die häufigste Antwort noch immer Papier. Im Jahr 2014 lasen knapp 47 Millionen Menschen am liebsten das gedruckte Wort, 2015 lag dieser Wert nur noch bei rund 44 Millionen.[107] Der Trend Richtung Online-Lesen ist also bereits zu erkennen.

9.6 Glaubwürdigkeit

„Glaubwürdigkeit ist das kostbarste Kapital von Firmen und Marken auf einem zunehmend unübersichtlichen Markt. Glaubwürdigkeit schafft Vertrauen und damit die Bindung von immer skeptischeren Kunden."[108]

Vermutlich auch wegen ihrer langen Geschichte und Beständigkeit werden Print-Produkten noch immer eine sehr hohe Glaubwürdigkeit und Seriosität zugeschrieben. Der JIM-Studie 2014 zufolge halten Jugendliche die Tageszeitung für das glaubwürdigste Medium vor TV, Radio und dem Internet. Diese Werte blieben seit dem Jahr 2005 konstant.[109]

Glaubwürdigkeit ist abhängig vom Absender

Möglicherweise entsteht beim Leser der unbewusste Gedankensprung, die gedruckte Information sei aufgrund der höheren Produktionskosten sorgfältiger recherchiert worden. Trotzdem meinen Experten, dass die Glaubwürdigkeit eines Berichts nicht (mehr) vom Kanal, sondern von der Quelle abhängig ist.[110] Bei einer Information aus der Süddeutschen Zeitung oder dem Spiegel zum Beispiel, macht es in Bezug auf die Glaubwürdigkeit keinen Unterschied, ob eine Information aus der gedruckten oder der Online-Ausgabe stammt. Im Umkehrschluss begegnen Leser den Informationen von Unternehmen, die ein Glaubwürdigkeitsproblem haben, sowohl auf der Website als auch bei den Print-Produkten mit Skepsis.[111]

---

107 Vgl. IfD Allensbach / Statista 2015a.
108 Schumacher 2005, S. 139.
109 Vgl. Medienpädagogischer Forschungsverbund Südwest 2014, S. 14.
110 Vgl. Liebig 2016, Anhang Kapitel A1 dieser Arbeit.
111 Vgl. Speck 2016, Anhang Kapitel A2 dieser Arbeit.

„[...] Menschen, die über eine gewisse Medienkompetenz verfügen, bewerten ein Medium, vor allem seine Glaubwürdigkeit, ganz eindeutig nach dem Absender. Dafür spricht auch, dass kaum noch jemand die Tagesschau um zwanzig Uhr schaut, die Institution Tagesschau aber noch immer die größte Glaubwürdigkeit hat."[112]

9.7 Inhaltliche Faktoren

Wenn von Trends und Faktoren im CP-Bereich die Rede ist, sind nicht nur die technischen Gegebenheiten interessant. Denn noch wichtiger als das Medium, in dem er publiziert wird, ist der Inhalt eines Artikels. Menschen lesen und merken sich solche Inhalte, die sie interessieren – egal auf welchem Kanal sie diese gefunden haben.[113]

Leser interessieren sich für Menschen aus ihrem Umfeld

Hier spielen auch die klassischen Nachrichtenfaktoren eine Rolle, bei Mitarbeiterzeitschriften zum Beispiel insbesondere die Nähe.[114] Menschen interessieren sich für andere Menschen[115] – besonders in ihrem unmittelbaren Umfeld: Die Geschichte des jungen Mannes aus der Buchhaltung, der mit seiner Harley einmal um die halbe Welt gereist ist, reizt die Kollegen, obwohl sie den Buchhalter vielleicht gar nicht persönlich kennen.[116] Auch Tipps und Tricks, Rezepte oder Vorher-Nachher-Geschichten kommen beim Leser gut an.[117] Das bedeutet, inhaltlich müssen Beiträge für das Publikum relevant sein, zum Beispiel auch, indem sie es unterhalten, ihm exklusive Inhalte bieten oder einen Nutzen stiften.

---

112 Liebig 2016, Anhang Kapitel A1 dieser Arbeit.
113 Vgl. ebd.
114 Vgl. ebd.
115 Vgl. Burkhardt / Kircher 2005, S. 43.
116 Vgl. Liebig 2016, Anhang Kapitel A1 dieser Arbeit und Speck 2016, Anhang Kapitel A2 dieser Arbeit.
117 Vgl. Dicker 2016, Anhang Kapitel A3 dieser Arbeit.

„Hoher Unterhaltungswert, hoher Nutzwert, spannende Neuigkeiten, prominente Namen – wer solchen Stoff in den Händen hält, muss sich heute schon anstrengen, um die Verbreitung durch Ansteckung zu verhindern."[118]

9.7.1 Exklusivität, Relevanz und Nutzwert der Inhalte

Der wichtigste, inhaltliche Faktor für den Medienkunden ist der Nutzwert. Dieser kann beispielsweise in der reinen Information, der Unterhaltung oder auch der Exklusivität liegen.[119]

Integrationsfunktion von CP

Neben dem Informations- und Unterhaltungsauftrag hat CP auch eine Integrationsfunktion. Das bedeutet, dass CP-Produkte nicht nur informieren und den Leser unterhalten sollen – er möchte ins Geschehen eingebunden werden und exklusive Vorteile erhalten. Beispielsweise durch Umfragen, Dialogmöglichkeiten, Coupons oder Rabattaktionen bietet das CP-Produkt dem Leser Vorteile, die andere Kunden nicht haben, was sein Selbstwertgefühl[120] und letztlich seine Kundentreue steigert.

Weil der Kostendruck durch die größtenteils (noch) frei verfügbaren Informationen im Netz immer mehr steigt, wollen sich traditionelle Medienhäuser stärker über exklusive Inhalte finanzieren. Der Guardian zum Beispiel hat 2014 einen Mitgliederbereich geschaffen, der zusätzliche exklusive und attraktive Angebote bereithält. Der Hürde einer Paywall, die die Reichweite der Seite stark einschränken würde, hat der Verlag auf diese Weise vermieden. Auch wenn der gewünschte Erfolg bisher ausgeblieben ist[121], ist die Idee der Bereitstellung exklusiver Inhalte richtig. Exklusivität im Netz zu bieten, ist nämlich angesichts der rasanten Verbreitung, insbesondere in den sozialen Medien, kaum noch zu schaffen.[122] Einzig-

---

118 Schulz-Bruhdoel / Bechtel 2011, S. 173.
119 Vgl. Schumacher 2005, S. 140.
120 Vgl. Weichler 2014, S. 771 f.
121 Vgl. Scheele 2016.
122 Vgl. Reichelt 2015.

artige Inhalte – sei es auch nur in Bezug auf die Aufbereitung – stehen bei den Lesern aber nach wie vor hoch im Kurs.[123] Und das gilt nicht nur für klassische Medienhäuser, sondern auch im Bereich Corporate Publishing.

„Gute Geschichten, kluge Köpfe und exklusive Infos machen Marken bekannt, beliebt und erfolgreich."[124]

Backpulver-Tütchen mit Nutzwert

Hier kommt der modische Begriff des Content Marketings ins Spiel (siehe auch Kapitel 6.4: Content Marketing). Organisationen wollen ihre Leser beziehungsweise Kunden für sich oder ihre Produkte begeistern, indem sie ihnen passenden und vor allem interessanten Content liefern. Diese Strategie ist allerdings nicht neu: Bereits zu Beginn des 20. Jahrhunderts druckte August Oetker Rezepte auf die Rückseite seiner Backpulver-Tütchen, was als erster dokumentierter Fall von Content Marketing gilt[125].

Auch heute noch wirken vor allem Inhalte mit Nutzwerten, wie Make-up-Tutorials von L'Oreal[126], Heimwerker-Tipps von Hornbach[127] oder DIY-Anleitungen von DaWanda[128].

In Zeiten der Austauschbarkeit von Marken und Produkten ist die Relevanz – deren Grundlage meistens der Nutzwert einer Information ist – so wichtig wie nie zuvor. Dass dieser Faktor auch künftig noch wichtiger werden wird, ist angesichts der voranschreitenden Digitalisierung stark anzunehmen.

---

123   Vgl. Lücke 2012, S. 242.
124   Albers 2015.
125   Vgl. Albers 2015.
126   Vgl. Projecter GmbH 2014.
127   Vgl. Upon GmbH 2015.
128   Vgl. DaWanda GmbH 2016.

9.7.2   Aktualität der Inhalte

Der Redaktionsschluss liegt in der Natur der Print-Produkte. Was gedruckt wird, kann daher nur für kurze Zeit aktuell sein: Je nach Themenauswahl veralten gedruckte Informationen also schnell. Dagegen bieten Online-Publikationen die Möglichkeit von stetigen Updates der Inhalte – und das von überall und jederzeit. Dies könnte als größte Stärke der digitalen Informationskultur gelten.

Jedoch gibt es auch Themen, die zeitunkritisch sind. In Bezug auf CP-Produkte ist die Aktualität einer Information in den meisten Fällen nicht sehr relevant. Von einem Mitarbeitermagazin zum Beispiel erwarten die Leser in der Regel nicht, dass es immer auf dem brandneuesten Stand ist.[129]

„Das Corporate-Publishing-Produkt hat den Auftrag, die strategisch angelegten Unternehmensbotschaften an die Zielgruppe zu bringen und langfristig, kontinuierlich Wirkung zu erzielen." [130]

Tagesaktuelle Kommunikation ist online besser aufgehoben

Im Mitarbeitermagazin können also Hintergründe, komplexe Themen und emotionale Stories bearbeitet werden. Diese schaffen Identifikation und Transparenz. Für die tagesaktuelle Kommunikation gibt es andere Kanäle wie das Intranet,[131] die Website, digitale Newsletter oder Social-Media-Kanäle, die ergänzend zum Magazin mit den neuesten Informationen gefüllt werden können[132].

Eine Rubrik „Aktuelles" ist daher in einem gedruckten CP-Magazin nicht sinnvoll, da es im Zweifel nur den Eindruck erweckt, die übrigen Inhalte seien alte Kamellen. Das CP-Produkt bietet grundsätzlich eine Mischung aus aktuellen und mittelfristigen Themen[133], was sich auch als latente Aktualität bezeichnen lässt. Eine Anpassung der Themen an die Jahreszeiten erscheint beispielsweise sinnvoll:

---

129 Vgl. Liebig 2016, Anhang Kapitel A1 dieser Arbeit.
130 Klinker 2012, S. 136.
131 Vgl. Dicker 2016, Anhang Kapitel A3 dieser Arbeit.
132 Vgl. Klinker 2012, S. 136.
133 Vgl. ebd.

Im Sommer eine Geschichte über den vergangenen Skiausflug zu lesen, wird den meisten Lesern merkwürdig vorkommen.[134]

Beiträge von und für Kollegen

Für ein Mitarbeitermagazin eignen sich beispielsweise „Themenreihen wie eine wiederkehrende Kolumne, Interviews mit Kollegen [...], Entspannungstipps von Mitarbeitern für ihre Kollegen oder die regelmäßige Vorstellung von Personen und Abteilungen, die eher unauffällig im Hintergrund arbeiten. Wichtig ist das regelmäßige Erscheinen – ein Zeichen für Professionalität und Verlässlichkeit."[135]

Wenn aber beispielsweise die Jahreshauptversammlung als Cover-Thema dient, stehen die Interessen der Führungsebene im Vordergrund und nicht die des Lesers. Dann spricht man auch von selbstreferenzieller Kommunikation.[136] Jedoch sollte das Medium nicht ausschließlich die Botschaften der Führungsebene transportieren und so an den Mitarbeitern vorbei schreiben. Empfehlenswert ist ein Redaktionsteam mit Mitgliedern aus mehreren Abteilungen, die allein aufgrund ihrer unterschiedlichen Fachgebiete verschiedene Perspektiven einbringen.[137]

9.8 Dialog- / Verbreitungsmöglichkeiten und Empfehlungen

„[... D]em dialogorientierten Corporate Publishing gehört die Zukunft."[138]

Die vielfältigen Dialogmöglichkeiten sind insbesondere eine Stärke im Online-Bereich. Interaktivität ermöglicht der Organisation eine große Nähe zum Kunden.[139] Innerhalb kürzester Zeit und so einfach wie noch nie können User Feedback zu Beiträgen und Produkten hinterlassen – ohne den Kanal wechseln zu müssen.

---

134 Vgl. Liebig 2016, Anhang Kapitel A1 dieser Arbeit.
135 Berndsen 2015, S. 117 f.
136 Vgl. Moser 2005, S. 98.
137 Vgl. Berndsen 2015, S. 117 f.
138 Winkelmann 2005, S. 136.
139 Vgl. Herbst 2005, S. 145.

Indem sie mitreden können, fühlen sie sich dem Produkt beziehungsweise der Organisation verbunden und werden so vielleicht von Neu- zu Stammkunden. Zudem verkaufen sich Produkte mit guten Bewertungen anderer User nachweislich deutlich besser[140].

User als Multiplikatoren

Über soziale Medien verbreiten sich neue oder spannende Inhalte in Windeseile. Der Schlüssel zur „viralen Verbreitung" sind die zuvor genannten inhaltlichen Ansprüche an eine Information – ihr Nachrichten- und nicht zuletzt ihr Unterhaltungswert[141].

„Der Unterschied zu klassischen PR-Angeboten ist also nicht groß, nur zielt der Inhalt auf andere Verwendungszusammenhänge – nämlich auf die Verbreitung durch nichtprofessionelle Kommunikatoren, auf den ganz normalen User, der mit einem Klick an seine Freunde weiterschickt, was ihm gefallen hat."[142]

Eine gedruckte Information verbreitet sich deutlich langsamer beziehungsweise aufwändiger: Sie muss postalisch verschickt oder händisch verteilt werden. Dies vermittelt zwar eine hohe Wertigkeit bis hin zum Geschenkcharakter (siehe Kapitel 9.5: Aufmerksamkeitswert), aufgrund der mühsamen Verbreitung ist es aber ratsam, Print-Artikel sinnvoll mit dem Online-Angebot einer Organisation zu verknüpfen (siehe Kapitel 6.7: Crossmedia): Artikel können beispielsweise über das analoge Print-Medium, mit dem sich nach wie vor mehr Aufmerksamkeit erzeugen lässt, „angefüttert" werden.[143] Über einen QR-Code lässt sich der Beitrag dann online verlängern – mit einer umfangreichen Bildstrecke, einem Video oder zusätzlichen Information zum Produkt.[144] Dieser Weg ist vor allem dann sinnvoll, wenn User die Website einer Organisation besuchen sollen, um dort beispielsweise online einzukaufen.

140 Vgl. Sellin 2014.
141 Vgl. Schulz-Bruhdoel / Bechtel 2011, S. 173.
142 Ebd.
143 Vgl. Liebig 2016, Anhang Kapitel A1 dieser Arbeit.
144 Vgl. Speck 2016, Anhang Kapitel A2 dieser Arbeit.

Verknüpfen des Print- und Online-Produkts

Bei umfangreichen oder emotionalen Hintergrundgeschichten kann auch die umgekehrte Vorgehensweise sinnvoll sein, da solche Stories bevorzugt auf Papier gelesen werden (siehe Kapitel 9.4: Haptik): Die Online-Kanäle machen dem Leser Lust auf eine bestimmte Geschichte, die er dann im gedruckten Magazin nachlesen kann. Dabei erzielen unterhaltende Inhalte mit Nutzwert die größten Erfolge (siehe Kapitel 9.7.1: Exklusivität, Relevanz und Nutzwert der Inhalte). Das Ziel dieser Handlungsweise ist nicht unbedingt ein Kauf oder Vertragsabschluss, sondern eher das Schaffen von Vertrauen, Transparenz und Identifikation, um den (potenziellen) Kunden langfristig an die Organisation zu binden.

9.9 Nutzerfreundlichkeit

Nutzerfreundlichkeit wird meistens im Zusammenhang mit Online-Medien diskutiert, ist aber im Print-Bereich gleichermaßen erforderlich. Dabei zählen eine einfache Bedienung, Verständlichkeit der Menüführung bzw. der Struktur und der Inhalte sowie deren Darstellung zu den wichtigsten Punkten[145]. Zunächst nimmt der Betrachter die Gestaltung und dann die Bedienbarkeit wahr, bevor er sich die Inhalte vornimmt[146]. Deshalb ist es so wichtig, dass ein CP-Produkt ansprechend gestaltet und klar strukturiert ist[147]. Missfallen dem Leser diese Faktoren von vornherein, ist es unwahrscheinlicher, dass er sich den Inhalten überhaupt noch widmet, obwohl sie möglicherweise interessant für ihn wären. Das gilt vor allem für Publikationen, die der Leser noch nicht kennt.

Echten Lesegenuss, den sich die Menschen in Zeiten der Informationsflut wünschen, erreicht man nur durch eine „lesefreundliche Gestaltung, die eine schnelle, zugleich ruhige und klare Lektüre ermöglicht."[148]

---

145 Vgl. Weber 2010.
146 Vgl. Jacobsen 2015.
147 Vgl. Speck 2016, Anhang Kapitel A2 dieser Arbeit.
148 Wachsmuth / Gläser 2014, S. 13.

9.9.1 Design

Ein gutes Design entsteht meist erst in der engen Zusammenarbeit zwischen Grafiker und Redakteur: Texte werden auf die richtige Länge gebracht, perfekte Headlines kreiert, saubere Umbrüche und der harmonische Einsatz der Typografie sichergestellt. Nicht zu unterschätzen ist auch ein gutes Lektorat, um Tipp- und Rechtschreibfehler zu vermeiden, die schnell unprofessionell wirken.[149]

Mit konsequentem Gestaltungskonzept zur Markenidentität

Dabei hat die „Gestaltung redaktionellen Materials vielfältige Funktionen. Sie verleiht dem Inhalt Ausdrucksstärke und Individualität, wirbt um die Aufmerksamkeit des Lesers und strukturiert die Materialvielfalt mit dem Ziel, ein attraktives und informatives Produkt zu schaffen."[150]

„Der Schlüssel zum Erfolg [einer gelungenen Markenidentität, d. Verf.] liegt in der konsequenten Beibehaltung eines Gestaltungskonzeptes mit klaren Wiedererkennungsmerkmalen, um beim Leser einen Gewohnheitseffekt und somit Kundenbindung zu erzielen; zugleich muss das Gestaltungskonzept jedoch so variabel sein, dass jede Ausgabe sich ausreichend von der anderen abhebt, um neu und interessant zu bleiben."[151]

Ausdruck findet die Markenidentität bestenfalls auf dem Cover (Print) beziehungsweise auf der Startseite (Online). Als Visitenkarte der Publikation soll sich das Cover von der Konkurrenz abheben, zum Kauf animieren und Leseanreize schaffen. Aufgrund dieser vielfältigen Ansprüche an ein Zeitschriften-Cover ist es nicht verwunderlich, dass es häufig genauso viel Zeit, Geld und Energie verschlingt wie der gesamte Rest des Magazins.[152]

---

149 Vgl. Baumann 2016, S. 56.
150 Zappaterra 2008, S. 6.
151 Ebd., S. 28.
152 Ebd., S. 29 f.

9.9.2 Struktur

Die Strukturierung von Inhalten kann durch einige Grundregeln deutlich verbessert werden: Publizisten sollten Lesern immer Orientierungsmöglichkeiten bieten – am besten durch Schlagwörter und Zwischenüberschriften. Werden diese regelmäßig verwendet, kann der Leser von Beginn an leichter abschätzen, ob sich das Lesen des Textes für ihn lohnt. Außerdem „verführen" sie ihn immer wieder zum Weiterlesen.[153]

Ein Aspekt, der digitale Inhalte für Leser besonders attraktiv macht, ist das einfache, maschinelle und vor allem schnelle Durchsuchen der Inhalte nach Schlagworten. Da dies im Print-Bereich nicht möglich ist, ist eine klare Strukturierung des Inhalts noch wichtiger: „one thought, one paragraph"[154]. Ein ansprechendes und übersichtliches Inhaltsverzeichnis muss selbstverständlich sein, um dem Leser einen schnellen Zugriff auf Informationen zu gewähren: Wenn er sich zum Beispiel vom Titelthema angesprochen fühlt, möchte er den Artikel mithilfe des Inhaltsverzeichnisses so schnell wie möglich finden. Hat er nicht innerhalb von drei Sekunden Erfolg, besteht die Gefahr, dass er die Publikation wieder zur Seite legt. Titelthemen sollten daher mit einem grafischen Signal gekennzeichnet werden.[155]

Der erste Eindruck ist entscheidend

Ein potenzieller Leser schätzt bei der Betrachtung einer Website oder eines gedruckten Magazins bereits in den ersten Sekunden ab, ob er einen Inhalt lesen möchte oder nicht.[156] Einer aktuellen Studie von Statista in Zusammenarbeit mit Computer Bild zufolge hängt auch die Kaufentscheidung vom ersten Eindruck, vor allem in Bezug auf Layout, Struktur und Bedienung ab.[157] Angesichts der großen Medien- und Produktvielfalt ist es sehr wahrscheinlich, dass die Nutzerfreundlichkeit in Zukunft eine immer bedeutendere Rolle spielen wird. Leser oder Kunden können schließlich zwischen einer Vielzahl von Angeboten wählen. Ist eines davon zu kompliziert oder unübersichtlich, entscheiden sie sich für ein anderes, ähnliches Angebot.

---

153 Vgl. Liebig 2016, Anhang Kapitel A1 dieser Arbeit.
154 Ebd.
155 Vgl. Wachsmuth / Gläser 2014, S. 96 f.
156 Vgl. Liebig 2016, Anhang Kapitel A1 dieser Arbeit.
157 Vgl. Statista GmbH / Computer Bild 2016, S. 4.

10 Quantitative Bewertung der Merkmale

Für die Diskussion der Zukunft von Corporate Publishing ist zunächst eine zusammenfassende und auch quantitative Abwägung der Merkmale von analogen und digitalen CP-Medien sinnvoll. Tabelle 2 zeigt deshalb etwaige Vorteile (in hellem Orange unterlegt) und Nachteile (in dunklem Orange unterlegt) des jeweiligen Mediums. Jedoch ist in diesem Zusammenhang ein Merkmal nicht immer besser oder schlechter als sein Gegenstück, sondern drückt sich einfach anders aus. Wichtig ist bei der Darstellung der Merkmale auch ihre Gewichtung:

Print	Digital	Gewichtung
begrenzte Verfügbarkeit	allumfängliche Verfügbarkeit	++
Redaktionsschluss: starrer Inhalt	Aktualität: dynamischer Inhalt	0
mühsame Dialogaufnahme	einfache Dialogmöglichkeit	++
Haptik	Virtualität	+++
hoher Aufmerksamkeitswert	Reizüberflutung	+++
keine quantitative Erfolgsmessung	einfache Erfolgsmessung	+
Content kann nicht maschinell durchsucht werden	Content kann einfach und schnell durchsucht werden	0
eindimensionale Inhalte	Nutzerfreundlichkeit	++
	multimediale Inhalte	+++
hohe Glaubwürdigkeit	hohe Authentizität	++
Druckkosten	Produktionskosten	0
nachhaltigere Verbreitung	schnelle Verbreitung	++
Ergebnis		
6 Nachteile, 2 Vorteile	2 Nachteile, 7 Vorteile	

Tab. 2: Quantitative Bewertung der Merkmale von gedruckten und digitalen CP-Produkten. Quelle: Eigene Darstellung.

Etwa die Aktualität ist zwar bei einem Print-Produkt eingeschränkter, jedoch ist zuvor deutlich geworden, dass dieses Merkmal für CP-Produkte generell keine sehr große Bedeutung hat (siehe Kapitel 9.7.2: Aktualität der Inhalte).

Dagegen sind beispielsweise die Glaubwürdigkeit und auch der Aufmerksamkeitswert deutlich wichtigere Aspekte. Die Gewichtung entstand auf Basis der zuvor diskutierten Faktoren und versucht, ihnen eine Ordnung zu verleihen. Jedoch ist sie abhängig von den Bestrebungen des jeweiligen CP-Produkts und den Ansprüchen seiner Zielgruppe. Die in Tabelle 2 dargestellte Gewichtung erfüllt demnach keine allgemeine Gültigkeit.

Abwägen der Vor- und Nachteile

Während Print-Produkte nur eingeschränkt verfügbar sind, nämlich wenn der Leser sie bei sich trägt, lassen sich digitale Produkte via Smartphone, Tablet oder Laptop nahezu überall und jederzeit abrufen (siehe auch Kapitel 9.3: Mobile Mediennutzung). Einen weiteren Vorteil bieten onlinebasierte CP-Produkte durch ihre Aktualität: Im Gegensatz zu einer gedruckten Publikation lassen sich die Inhalte eines digitalen Mediums stetig updaten und bieten somit dynamischen Content. Die Glaubwürdigkeit einer Information ist zwar stark abhängig von der Quelle, jedoch werden Print-Produkten im Allgemeinen noch immer die größte Glaubwürdigkeit zugeschrieben (Kapitel 9.6: Glaubwürdigkeit).

Online punktet mit Authentizität

Auf der anderen Seite besteht bei onlinebasierten Produkten auch durch die Dialogmöglichkeiten in Form von Kommentaren und Empfehlungen eine hohe Authentizität.[158] Die Hürden eines Dialogs sind im Print-Bereich deutlich höher, da dieser nur über Umwege wie Leserbriefe oder Gewinnspiele möglich ist. So ist hier auch die Nutzung mehrerer Medien notwendig, während der Dialog online immer auf demselben Kanal stattfinden kann.

---

158 Vgl. Huber 2013, S. 114.

Zwar wollen Unternehmen mit der Umstellung von Print auf Online in der Regel auch Kosten sparen[159], jedoch können gut gemachte Produktionen für digitale Medien durchaus teurer sein als die Druckkosten eines Magazins[160].

Ein großer Vorteil von gedruckten CP-Produkten ist ihre Haptik und die damit einhergehende Aufmerksamkeit. Dagegen existiert ein digitales Produkt nur im virtuellen Raum und wird erst fassbar, wenn es ausgedruckt wird. Dazu kommt die Reizüberflutung im Netz, die durch E-Mails, Newsletter und sonstige Alerts entsteht.

Nachhaltigere Verbreitung durch Print-Produkte

Die Verbreitung von Informationen ist vor allem auch durch die sozialen Medien im Online-Bereich deutlich schneller, jedoch können gedruckte Inhalte nachhaltiger verbreitet werden: Eine Print-Broschüre schauen sich Konsumenten zumindest kurz an, während E-Mail-Newsletter mit gleichem Inhalt auch gerne ungelesen gelöscht werden[161].

Aus Sicht der publizierenden Unternehmen spielt auch die Erfolgsmessung eine wichtige Rolle. Diese verbesserte sich deutlich durch das Internet: In Echtzeit lässt sich analysieren, welche Inhalte gut beim Publikum ankommen und welche eher nicht. Bei Print-Produkten ist das nach wie vor schwieriger: Der Erfolg lässt sich nur ansatzweise durch eine direkte Befragung der Leser oder durch die Rückläufer des klassischen Gewinnspiels feststellen. Wobei hier auch die Attraktivität der Preise und nicht unbedingt das Interesse der Leserschaft zum Tragen kommt.[162]

Onlinebasierte Produkte können zudem durch ihre Nutzerfreundlichkeit und multimediale Inhalte punkten, während sich gedruckte Medien grundsätzlich immer nur eindimensional nutzen lassen. Inhalte können zwar online „verlängert" werden, jedoch stellt der Wechsel des Mediums eine nicht zu vernachlässigende Hürde für den Leser dar. Digitale Inhalte lassen sich zudem einfach und schnell

159 Vgl. Förster 2016, S. 25.
160 Vgl. Speck 2016, Anhang Kapitel A2 dieser Arbeit.
161 Vgl. ebd.
162 Vgl. Broichmann 2014.

nach bestimmten Begriffen maschinell durchsuchen und beschleunigen so die Informationsübertragung in dem gesuchten Bereich.

Digitale CP-Produkte gewinnen im quantitativen Vergleich

Quantitativ betrachtet bieten onlinebasierte Medien deutlich mehr Vorteile als gedruckte: In der hier dargestellten Übersicht liegen digitale Produkte mit sieben zu zwei Vorteilen klar vorne. Jedoch sind die beiden Vorteile „Haptik" und „Aufmerksamkeitswert" der Print-Produkte so schwerwiegend, dass sie nicht einfach grundsätzlich durch die Vorteile der digitalen Produkte ausgeglichen werden können. Welchen Kanal eine Organisation für die Kommunikation nutzen sollte, hängt immer von der Zielgruppe ihres CP-Produkts und ihren Absichten ab. Dass gedruckte Medien in Zeiten fortschreitender Digitalisierung viel Aufmerksamkeit auf sich ziehen und zunächst das Interesse eines Lesers wecken werden, ist aber nahezu sicher.

Auch wenn also die Vorteile der Online-Angebote in quantitativer Hinsicht überwiegen, ist Print aufgrund seiner nachhaltigen und aufmerksamkeitsstarken Wirkung auf keinen Fall zu vernachlässigen. Das Corporate Publishing der Zukunft führt Organisationen daher im optimalen Fall zu einer sinnhaften, komplementären Nutzung von Print- und Online-Kanälen entsprechend der Erwartungen ihrer Anspruchsgruppen und der eigenen Kommunikationsziele.

11 Trendprognose: Die Zukunft von CP

Die zuvor diskutierten Faktoren bieten einen guten Überblick, welche Trends im Bereich Corporate Publishing für die Zukunft stärker zu berücksichtigen sind. Der Rückgang analoger Medien ist angesichts der Digitalisierung, des demografischen Wandels und auch aufgrund der zuvor diskutierten Vor- und Nachteile der Kanäle nicht wegzureden (siehe Kapitel 10: Quantitative Bewertung und Merkmale):

„Die Digitalisierung wird das klassische Verlagssystem beenden [...]."[163]

Gedruckte Medien werden in Zukunft sparsamer eingesetzt, jedoch lassen sich ihre klaren Vorteile gegenüber digitalen Inhalten strategisch nutzen: Haptik, Aufmerksamkeitswert und Glaubwürdigkeit sind Merkmale, die auch weiterhin einen großen Stellenwert haben werden.

Fokussierte Nutzung von Print-Medien

Wenn es gedruckte Medien seltener gibt, werden sie mit großer Wahrscheinlichkeit intensiver und auch fokussierter genutzt. Das macht sie zwar zu einem herausragenden Umfeld für Markenbotschaften, doch wird es für Marketingabteilungen eine Herausforderung werden, den hohen Ansprüchen der Leser zu genügen.[164]

„Die enormen Vertrauenswerte und die künftig zunehmend intensivere, fokussiertere Nutzung machen gedruckte Medien zu einem der wenigen klar definierbaren Nutzungsorte der Zukunft, in denen eine Botschaft eine Chance hat, dem Leser etwas relevantes zu vermitteln."[165]

---

163 Huber 2013, S. 110.
164 Vgl. ebd., S. 115.
165 Ebd.

11.1 Verknüpfung von analogen und digitalen Medien

Bei der Aufbereitung eines bestimmten Themas kommt es – wie immer im Bereich Public Relations oder Marketing – auf die Bezugsgruppen und deren Erwartungen an. Eine zu breit gefächerte Zielgruppe stellt bei CP-Magazinen ein großes Problem dar, weil sie ein sehr breites Spektrum von Themen anbieten müssen, um alle Lesergruppen zu erreichen. Deutlich sinnvoller ist es aber, sich auf eine – nämlich die wichtigste – zu fokussieren und den für sie interessanten Content anzubieten. Möglicherweise ist der Einsatz mehrerer CP-Produkte für verschiedene Zielgruppen notwendig. Ein zu weites Themenfeld macht eine Publikation aber beliebig und für den einzelnen Leser weniger relevant, was sie sehr schnell ungelesen in den Papierkorb wandern lassen kann.[166]

Je nach Aufbereitung und Ziel eines Beitrags kann eine Online-Veröffentlichung oder der Abdruck im Print-Produkt zweckmäßig sein (siehe Kapitel 9.8: Dialog- / Verbreitungsmöglichkeiten und Empfehlungen). Generell sollte ein Medium die Leser auf dem Kanal abholen, auf dem es am besten zur Geltung kommt. Wobei sie bei analogen Medien meistens auch ein digitales Gegenstück erwarten.[167] Das bedeutet, dass sich Leser bereits an die Crossmedialität von Inhalten gewöhnt haben und diese zukünftig mit großer Wahrscheinlichkeit noch mehr an Bedeutung gewinnen wird.

Verknüpfungen schaffen

Die große Kunst ist es also, dass ein Online-Produkt sein Print-Gegenstück sinnvoll ergänzt.[168] Schwierig ist dabei vor allem, den Wechsel des Mediums beim Leser zu initiieren. Als Verknüpfungsmöglichkeit vom Print- zum Online-Produkt werden meist QR-Codes genannt[169], die Leser mit ihrem Smartphone abscannen, um weitere Informationen im Internet zu erhalten. Die Wahrheit ist jedoch: QR-Codes werden kaum genutzt.

---

166 Vgl. Herbst 2012, S. 143.
167 Vgl. Liebig 2016, Anhang Kapitel A1 dieser Arbeit.
168 Vgl. ebd.
169 Vgl. ebd. und Speck 2016, Anhang Kapitel A2 dieser Arbeit.

Eine Befragung aus dem Jahr 2014 hat ergeben, dass nur 3,5 Prozent der Millennials häufig QR-Codes nutzten. Mehr als 35 Prozent nutzten sie selten oder gar nicht und weitere knapp 38 Prozent hatten nicht einmal einen QR-Code-Reader auf ihrem Smartphone installiert.[170] Wenn aber QR-Codes (im europäischen Raum) gescannt wurden, dann war die Quelle zu 50 Prozent ein Print-Magazin oder eine -Zeitung. QR-Codes von Plakaten, Flyern, Visitenkarten und Prospekten wurden am seltensten gescannt.[171]

Das bedeutet, dass das Interesse an einem Artikel oder Produkt schon sehr groß sein muss, damit ein Leser überhaupt online weiterlesen möchte. Ein großer Nachteil der QR-Codes ist auch, dass der Leser vorher nicht wissen kann, was sich dahinter verbirgt. Er hat hier also gar nicht die Möglichkeit, das Angebot auf seinen Nutzwert zu prüfen (siehe Kapitel 9.9: Nutzerfreundlichkeit), da er ihn nicht direkt vor sich hat.

Das Scannen von QR-Codes ist grundsätzlich sehr einfach, aber das Lesen auf dem vergleichsweise kleinen Bildschirm des Smartphones könnte ein weiterer Grund für die geringe Nutzung von QR-Codes sein. Ein Tablet würde mehr Lese-Komfort bieten, jedoch tragen es die Wenigsten im Gegensatz zum Smartphone immer bei sich.

Augmented Reality ist noch nicht massentauglich

Aufgrund dieser eher dürftigen Verknüpfungsmöglichkeiten entwickeln Print-Medien derzeit weitere Alternativen. Eine davon heißt Augmented Reality. Diese Technologie löst meist einen Wow-Effekt bei den Lesern aus: Beispielsweise stellt sie gedruckte Bilder mithilfe des Smartphones in 3D dar und ermöglicht so eine räumliche Betrachtung. Sie kann sogar Bilder ganz wörtlich sprechen lassen: Hält der User sein Smartphone über einen bestimmten Bereich eines gedruckten Bildes, spielt sein Smartphone mithilfe einer App eine Video- oder Audio-Datei ab. Auch das Möbelhaus IKEA nutzt seit 2013 Augmented Reality in seinem Katalog: Der

---

170 Vgl. VuMA / Statista GmbH 2014.
171 Vgl. comScore / Statista GmbH 2012.

Nutzer kann über sein Smartphone die Möbel aus dem Katalog virtuell in seinem eigenen Zuhause platzieren, um zu sehen, ob sich der Kauf lohnen würde.[172]

Augmented Reality ist aber (noch) nicht gerade alltagstauglich und wurde bisher eher als Spielerei abgetan. Für die Zukunft ist aber davon auszugehen, dass sich Technologien wie Augmented Reality sowie Datenbrillen und das „Internet der Dinge" sehr schnell weiterentwickeln und eines Tages massentauglich sein werden.[173] Doch heute gibt es de facto noch keine sinnvolle Verknüpfungsmöglichkeit zwischen Print- und Online-Produkten, die von Lesern akzeptiert und auch wirklich genutzt wird.

Zurück zu den Wurzeln

Das bedeutet für Organisationen und ihre CP-Print-Produkte, dass sie sich derzeit auf die Stärken von gedruckten Inhalten konzentrieren sollten: Spannende Geschichten, die durchdacht aufbereitet, übersichtlich und interessant dargestellt und darüber hinaus noch hochwertig gedruckt sind, wollen Nutzer lesen. Sind sie an der Story wirklich interessiert, werden sie sich vielleicht zusätzlich online informieren. Doch sollte sich das Print-Produkt insgesamt mehr auf seine Stärken fokussieren und diese für sich nutzen. Im Umkehrschluss bedeutet das: Langweilige und minderwertig gedruckte Erzeugnisse gehen in der Masse unter und sind das Papier nicht wert.

CP-Produkte, die den hohen Ansprüchen der Leser nicht gerecht werden, können einer Organisation sogar massiv schaden.[174] Wenn gedruckte CP-Produkte die Aufmerksamkeit und auch das Vertrauen der Leser gewinnen wollen, müssen sie höchstes Niveau erfüllen.

Auch die im Rahmen dieser Arbeit interviewten CP-Experten unterstützen diese These: Print-Produkte werden künftig als Luxusgut bestehen bleiben und sich vor allem durch ihre hohe Qualität in Bezug auf Inhalt und Druck auszeichnen.[175]

---

172 Vgl. Burgard-Arp 2014.
173 Vgl. ebd.
174 Vgl. Schumacher 2005, S. 139.
175 Vgl. Dicker 2016, Anhang Kapitel A3 dieser Arbeit und Liebig 2016, Anhang Kapitel A1 dieser Arbeit.

Komplementäre Nutzung von Print und Online

Das bedeutet aber nicht, dass für CP-Absichten ausschließlich Print als Kanal genutzt werden sollte: Bisherige Untersuchungen haben ergeben, „dass die Medien aus der Sicht der Nutzer die unterschiedlichsten Funktionen erfüllen und bestärken die These der Komplementarität zwischen den Medien."[176]

Da sich auf der Website einer Organisation viele Medienformate vereinen lassen, ist sie sehr flexibel und umfangreich anwendbar. Daher sollte sie auf keinen Fall als Reste-Verwerter für bereits bestehende Inhalte, zum Beispiel aus einem Print-Produkt, genutzt werden. Sinnvoll ist es, den Online-Kanal von vornherein in die Content-Produktion mit einzubeziehen. Für das Anzeigen gleicher Inhalte auf unterschiedlichen Plattformen gibt es mit dem Responsive Design bereits eine technischen Lösung. Eine zeitgemäße Content-Strategie bedeutet aber, Inhalte für jeden Kanal auf seine spezifischen Merkmale hin aufzubereiten. Dazu ist es notwendig, auch die Nutzungsmotive der entsprechenden Kanäle zu erkennen[177]:

„Man muss wirklich die Charakteristika der verschiedenen Kanäle ausnutzen. Was passt in ein Magazin, das weitergegeben wird? Welche Inhalte sind passend, wenn sie online schnell konsumiert werden? [...] Da hat man dann wirklich die oft beschworene 360°-Sicht auf die Dinge."[178]

---

176 Koschnick 2010, S. 1.
177 aexea GmbH 2014.
178 Scholz 2016, Anhang Kapitel A3 dieser Arbeit.

11.2   Arten des Lesens und Nutzungsmotive

Die Nutzungsmotive der beiden Kanäle Print und Online bzw. Digital unterscheiden sich – zumindest heute noch – erheblich voneinander. Nach Prof. Dr. Martin Liebig gibt es zwei Arten des Lesens: das funktionale und das emotionale Lesen.

„Funktionales Lesen beschreibt innerhalb eines Unternehmens den Austausch von Informationen, zum Beispiel in Projektgruppen. [...] Auf der anderen Seite gibt es das „Lean-Back"-Lesen, das man auch genießt. Und dieses emotionale Lesen hat selbst bei den Digital Natives noch etwas mit Haptik und Umblättern zu tun."[179]

Online informiert und unterhält, Print schafft Emotionen

Vermutlich weil das Internet als sehr schnelllebiges Medium bekannt ist, konsumieren die Nutzer seine Inhalte auf die gleiche Art und Weise. Es gibt demnach grundsätzlich zwei Situationen, in denen das Internet genutzt wird: zum einen, um sich schnell über etwas zu informieren, etwa über Preise, Öffnungszeiten oder Kontaktinformationen. Zum anderen surfen die Nutzer schlichtweg, um Langeweile zu bekämpfen bzw. aus Spaß. Doch mit einer emotionalen, spannenden Geschichte möchten sie sich gern zurücklehnen und sie genießen.

„Die ständige Belästigung durch Pop-ups, Jingles und sonstige marktschreierische Inhalte weckt die Sehnsucht nach Ruhe, nach einer stillen Oase im lärmenden Alltag, nach einer geordneten Traumwelt als Gegenstück zu einer chaotischen Wirklichkeit."[180]

Für diese These spricht auch, dass den Buchverkäufen bis zum Jahr 2020 trotz der Digitalisierung eine nur marginale Abnahme prognostiziert wird[181] und Nutzer seit dem Jahr 2013 sogar noch mehr lesen – sowohl gedruckte Bücher als auch E-Books[182].

---

179 Liebig 2016, Anhang Kapitel A2 dieser Arbeit.
180 Zukunftsinstitut GmbH 2013, S. 79.
181 Eurostat / Statista GmbH 2013.
182 Bitkom / Statista GmbH 2015.

Diffusions- und Fokusmedien

Eine weitere unterstützende Erklärung liefert die Theorie der Diffusions- und Fokusmedien. Aufgrund ihrer unterschiedlichen Nutzungsmotive lassen sich Print- und Online-Kanäle in diese beiden Kategorien einteilen. Print-Medien im Sinne von Zeitschriften oder Zeitungen zählen zu den Fokusmedien. Das sind:

„Medien und Inhalte, auf die sich der Nutzer ganz und gar konzentriert. [...] Fokusmedien liefern in der Regel abendfüllende Inhalte, die viel Zeit beanspruchen."[183]

Nutzer sind durchaus bereit, für Fokusmedien Zeit und auch Geld zu investieren. Sie orientieren sich dabei an Empfehlungen von Freunden sowie an den Diffusionsmedien.[184] Andere Fokusmedien neben Zeitungen, Büchern und Magazinen sind zum Beispiel das Kino, Edel-Serien und Videospiele.[185]

Diffusionsmedien finden sich dagegen hauptsächlich online. Zu ihnen zählen unter anderem Social Networks, Online-TV und Medien-Apps.[186] Diffusionsmedien sind Bummelmedien, deren Inhalte die Aufmerksamkeit des Nutzers zerstreuen „und die er ohne konkrete Vorstellung auf sich zukommen lässt".[187] Nutzer konsumieren Diffusionsmedien vor allem aus Langeweile und auf der Suche nach der Bestätigung, dass mit ihrer Welt alles in Ordnung ist. Begünstigt werden die Diffusionsmedien durch den sogenannten Second Screen: Insbesondere junge Menschen nutzen mittlerweile mehrere Medien zur gleichen Zeit. Dass auf dem Tablet gesurft und gleichzeitig mit dem Smartphone telefoniert wird, während der Fernseher im Hintergrund läuft, ist mittlerweile an der Tagesordnung.[188]

Es ist sehr wahrscheinlich, dass Medien in Zukunft noch stärker auf diese Art und Weise genutzt werden:

---

183 Zukunftsinstitut GmbH 2013, S. 78 f.
184 Vgl. ebd., S. 79.
185 Vgl. ebd., S. 3.
186 Vgl. ebd.
187 Ebd., S. 20.
188 Vgl. ebd., S. 18 ff.

„Printmedien werden künftig relevantere Inhalte und in einem kleinteiligeren Markt Produkte auf vielerlei Wegen anbieten müssen. Nutzer werden gedruckte Produkte künftig vor allem in Hochfokussituationen lesen, alles was unterhaltenden Charakter hat, wandert in den Diffusionskanal ‚Digital‘". [189]

11.3 Bildschirmgröße

Die Layouts und Gestaltungen auf Online-Kanälen werden sich stark weiterentwickeln. Das Lese-Erlebnis am Bildschirm wird damit stetig verbessert werden[190]. Daher wird es künftig nicht mehr so sehr darauf ankommen, ob eine Geschichte gedruckt oder digital veröffentlicht wird. Dann könnte ein entscheidender Faktor für die Lesebereitschaft die Bildschirmgröße sein. Unwahrscheinlich ist, dass Menschen ganze Geschichten auf dem Smartphone lesen. Um eine Story wirklich genießen zu können, ist sein Bildschirm einfach zu klein.[191] Auch wenn Smartphones trendbedingt mal größer und wieder kleiner werden, wird es mit großer Wahrscheinlichkeit ein Medium für die schnelle, funktionale Informationsaufnahme bleiben.

Siegeszug der Tablets

Allerdings erfindet sich die Verlagsbranche mit dem E-Book bereits neu:

„Die Evolution der Print-Medien geht mit der Digitalisierung nicht zu Ende. [...] Zuletzt haben die Verlage durch die Tablets eine neue Perspektive erhalten." [192]

---

189 Huber 2013, S. 110.
190 Vgl. ebd., S. 115.
191 Vgl. Liebig 2016, Anhang Kapitel A1 dieser Arbeit.
192 Huber 2013, S. 115.

Nachdem Apple 2010 das erste iPad vorgestellt hat, überstiegen schon ein Jahr später die E-Book-Verkäufe auf Amazon die von Hardcover-Büchern.[193] Mit fortschreitender Digitalisierung der Gesellschaft werden also Tablets und E-Book-Reader künftig eine noch größere Rolle spielen.

Tablet lässt sich wie ein Print-Produkt nutzen

Ein Tablet muss der Leser in beide Hände nehmen oder vor sich auf den Tisch legen, er kann es herumtragen, Inhalte am Küchentisch, auf dem Sofa und im Bett konsumieren – ebenso wie bei einer gedruckten Zeitschrift. Er kann im digitalen Inhalt blättern, auch wenn sich die entsprechende Geste in ein Wischen wandelt. So wird das Lesen einer gedruckten Zeitschrift zumindest ansatzweise imitiert. Auch aufgrund der vielen zusätzlich möglichen multimedialen Features haben Tablets und E-Book-Reader damit eine reale Chance, in Zukunft zu den Hauptabspielgeräten im Bereich „Lean-Back"-Lesen zu werden.

Interaktive Tablet-Magazine bringen alle Vorzüge des Lesens zusammen

Diese multimedialen Features sind bereits heute ein großer Vorteil von iPad-Apps gegenüber gedruckten Zeitschriften. Interaktive Inhalte wie Videos oder das Abrufen weiterführender Informationen, zum Beispiel von einer Website, lassen sich so ohne einen Wechsel des Kanals vollziehen.

Dies ist mittlerweile sogar für Organisationen ohne großes Budget umsetzbar: Programme wie das Plug-in „Digital Publishing Suite" für Adobe InDesign bieten viele Möglichkeiten, iPad-Magazine mit interaktiven Inhalten zu gestalten – und das ohne Programmierkenntnisse. Das Programm bietet einen großen Spielraum bei der Einbindung von Bildern, Video- / Audio-Files und Zusatzinformationen. Auch die Integration von Drittanbieter-Diensten wie Google oder Social Networks ist problemlos möglich.[194]

---

193 Vgl. Kirig 2013, S. 81.
194 Vgl. Adobe Systems Software Ireland Limited 2016.

Da bis zum Jahr 2020 ein weiterer Anstieg von Tablet-Nutzern prognostiziert wird[195] und aufgrund der vorausgegangenen Überlegungen zu Bildschirmgröße und Interaktivität der Inhalte ist anzunehmen, dass der Anteil der digitalen Magazin-Apps künftig drastisch steigen wird. Dazu müssen allerdings zunächst die Hürden der App-Veröffentlichung auf Seiten der Store-Betreiber[196] beseitigt werden.

11.4 Hypothesentest

In Anbetracht der zuvor diskutierten Punkte in Bezug auf die weiter fortschreitende Digitalisierung der Gesellschaft können die beiden Nullhypothesen N_0 und N_1 widerlegt werden: Die Anzahl gedruckter Corporate-Publishing-Produkte wird innerhalb der nächsten 20 Jahre nach Ansicht der Experten sinken. Zu dem gleichen Schluss kommen auch Autoren der Fachliteratur. Damit geht einher, dass die Zahl der digitalen CP-Produkte innerhalb der nächsten 20 Jahre zunehmen wird. Denn das Absatzvolumen im Corporate-Publishing-Markt wird ebenfalls weiter ansteigen.[197]

Bestätigung der aufgestellten Hypothesen

Die in Kapitel 3 aufgestellten Hypothesen H_0 und H_1 haben sich damit als zutreffend herausgestellt: Es wird in 20 Jahren deutlich weniger CP-Print-Produkte geben als heute, vor allem weil sie mit fortschreitender Digitalisierung mehr und mehr als Luxusprodukte gesehen und verstanden werden – sowohl von den Lesern als auch von den Produzenten. Dass die Anzahl der digitalen CP-Produkte sich im Umkehrschluss erhöhen wird, ist die logische Konsequenz aus den steigenden Budgets im CP-Bereich.

---

195   Vgl. eMarketer / Statista GmbH 2015.
196   Vgl. Speck 2016, Anhang Kapitel A2 dieser Arbeit.
197   Vgl. EICP / zehnvier 2014a.

11.5   Zusammenfassung und Fazit

Die diskutierten Punkte lassen sich folgendermaßen zusammenfassen:

1. *Wir werden noch mehr Medien konsumieren...:*
Die Gesamt-Mediennutzungszeit wird weiter ansteigen. Experten vermuten, dass vor allem mehr Videos konsumiert werden – und das zu Lasten von Text und Audio-Inhalten.[198]

2. *... auf noch mehr verschiedenen Endgeräten:*
Die (gleichzeitige) Multi-Device-Nutzung wird weiterhin zunehmen, auch von unterwegs. Die Lesearten bleiben unverändert: Zwar findet eine Verschiebung der Nutzung von gedruckten und digitalen Inhalten statt, die Motive und damit auch die Art des Lesens bleiben aber bestehen.

3. *Diffusionsmedien:*
Online-Inhalte müssen schnell informieren oder unterhalten.

4. *Fokusmedien:*
Print transportiert Emotionen und wird künftig sparsamer, aber dafür fokussierter genutzt.

5. *Lean-Back-Lesen:*
Tablets werden aufgrund der Möglichkeit von interaktiven Features Print-Produkte vom Thron der „Lean-Back"-Medien stoßen.

6. *Bildschirmgröße:*
Die Bildschirmgröße wird ein entscheidender Faktor für das Lean-Back-Lesen sein. Tablets bieten im Gegensatz zu Smartphones ein komfortables Leseerlebnis.

7. *Crossmedia-Konzepte werden noch wichtiger:*
Print- und Online-Kanäle sollen sich sinnvoll ergänzen, eine hürdenlose Verknüpfung ist aber (noch) nicht möglich.

---

198 publisuisse SA / zehnvier GmbH 2014, S. 3.

Auswirkungen des demografischen Wandels

83 Prozent der Deutschen glauben, gedruckte Zeitschriften seien auch in 20 Jahren noch ein relevantes Medium.[199] Jedoch wird es eine demografisch bedingte Verschiebung Richtung digital geben[200]: Es wird der Tag kommen, an dem es keine „Nicht-Digital-Natives" mehr gibt. Die Haushalte werden dementsprechend auch technisch besser ausgestattet sein[201].

Die vorangegangenen Kapitel haben aber gezeigt, dass dies keinesfalls den Untergang des Corporate Publishing bedeutet – im Gegenteil: Die Budgets für CP-Maßnahmen werden weiterhin steigen. Es wird vermutet, dass die zusätzlichen Mittel dabei zu einem Drittel neue Etats sein werden und zu zwei Dritteln auf Kosten anderer Marketingdisziplinen gehen.[202]

Print-Produkte werden nicht aussterben

Ein rigoroses Aussterben gedruckter (CP-)Magazine ist aus den zuvor diskutierten Gründen auszuschließen. Allerdings wird sich Print wandeln „vom Leitmedium hin zu einem Medium neben vielen anderen. Es wird die Zeit kommen, in der nicht mehr Print das ausschlaggebende Medium ist, sondern Artikel erst mal online gedacht werden und im zweiten Schritt erst Print folgt."[203] Wenn Inhalte seltener beziehungsweise unregelmäßiger gedruckt werden, wird Papier künftig als bewusst anderes Medium eingesetzt werden, auch um einen Überraschungseffekt zu erzeugen.[204]

Anpassung von CP-Strategien

Zukünftig wird die Trennung weniger zwischen Print und Online verlaufen, sondern durch die situative Nutzung definiert:[205] „Welche Aufbereitung will der Nutzer als ‚stabiles' Produkt, was reicht ihm in ‚flüchtiger' Form volatiler Online-

---

199 Vgl. Huber 2013, S. 110 f.
200 Vgl. Liebig 2016, Anhang Kapitel A1 dieser Arbeit.
201 Vgl. Dicker 2016, Anhang Kapitel A3 dieser Arbeit.
202 Vgl. West 2014.
203 Speck 2016, Anhang Kapitel A2 dieser Arbeit.
204 Vgl. Scholz 2016, Anhang Kapitel A3 dieser Arbeit.
205 Vgl. Huber 2013, S. 115.

Produkte?"[206] Veröffentlichende Organisationen müssen angesichts der bevorstehenden Veränderungen, die bereits eingesetzt haben, ihre CP-Strategien überdenken. Gedruckte und digitale Medien werden noch stärker strategisch miteinander verknüpft werden müssen. Das Umdenken hat aber bereits begonnen: Viele Organisationen verfolgen nach eigenen Angaben schon heute einen crossmedialen Ansatz im Rahmen ihrer Content-Strategie[207].

Konsequenzen für die Unternehmenskommunikation

Dies hat Auswirkungen auf die gesamte Unternehmenskommunikation: Der Newsroom von morgen bedient mit einem Inhalt viele verschiedene Kanäle. Das bedeutet, dass die klassische Pressemitteilung zwar weiterhin Bestand hat, aber mit Bewegtbild, Audio und Infografiken angereichert werden muss. Themen müssen in fertige Geschichten umgewandelt werden.[208]

„Eine der wichtigsten Herausforderungen der Zukunft liegt in der Suche nach dem richtigen Cross-Media-Mix und der optimalen Abstimmung von Inhalten und Kanälen. Mindestens ebenso wichtig ist aber die Auseinandersetzung mit den bereits zur Verfügung stehenden Technologien."[209]

Print-Medien verschlanken

Das Print-Produkt muss seine Grundfunktion als „Lean-Back"-Medium ausspielen. Praktisch bedeutet das: Bunte Kurzmeldungen sowie Veranstaltungshinweise und andere funktionale Informationen kommen in den Online-Kanälen besser zur Geltung. Hier sind sie als schnell konsumierbare Inhalte an der richtigen Stelle (siehe Kapitel 11.2: Arten des Lesens und Nutzungsmotive). Eine solche Aufteilung verschlankt das Print-Produkt und richtet den Fokus auf die eigentlichen Botschaften des Unternehmens, die idealerweise in spannend aufbereiteten Geschichten und gestalterisch durchdachten Layouts verpackt sind.

---

206 Vgl. Huber 2013, S. 115.
207 Vgl. zehnvier GmbH / EICP 2014, S. 19.
208 Vgl. Baumann 2016, S. 146 f.
209 publisuisse SA / zehnvier GmbH 2014, S. 3.

Auf Inhalte setzen

Konsumenten werden in Zukunft noch stärker nach Lösungsansätzen für ein Problem und nicht nach bestimmten Produkten oder Unternehmen suchen. Wenn sich Organisationen mit Themen positionieren, die ein konkretes Problem behandeln, können sie sich langfristig als kompetenter Ansprechpartner in diesem Bereich etablieren und so ein glaubhaftes Nutzerversprechen geben.[210]

Zwar spielt der erste Eindruck eines Mediums eine große Rolle, damit potenzielle Leser ihm zunächst überhaupt ihre Aufmerksamkeit schenken. Ist diese Hürde überwunden, ist aber die Art der Mediengestaltung weniger entscheidend als die Personalisierung der Inhalte und der Nutzen der Information. Zwar kann der Einsatz visueller Elemente die Verständlichkeit von redaktionellen Inhalten erheblich verbessern,[211] entspricht der Content jedoch nicht den Erwartungen des Lesers, lässt sich dies durch eine gute Gestaltung nicht ausgleichen.

> *„In Zukunft werden sich nur diejenigen Medienangebote behaupten können, die besondere Inhalte bieten – davon sind Experten und Werbewirtschaft gleichermaßen überzeugt. Fragt man die Konsumenten, bestätigt sich dieses Bild: Zwei Drittel [...] wünschen sich für die Zukunft anspruchsvollere und intelligentere Inhalte von den Medien."*[212]

Zusammenspiel der Kanäle

Magazin-Apps und Online-Kanäle können das CP-Angebot erweitern, aber nur, wenn sie ebenso gut durchdacht sind, wie ihr gedrucktes Gegenstück. Medienkanäle – egal ob im Print- oder Online-Bereich – dürfen nicht als Reste-Verwerter oder Abklatsch missbraucht werden. Nur im Zusammenspiel und mit kanalspezifisch aufbereiteten Inhalten entfalten sie ihre optimale Wirkung.

---

210   Vgl. Content Marketing Forum 2016, S. 3.
211   Vgl. Haumer 2013, S. 171.
212   publisuisse SA / zehnvier GmbH 2014, S. 3.

Literaturverzeichnis

Fachbücher

Bales, S. (2012): Cross-Media Strategien: Medienkonvergenz als Ursache für Diversifikationen in neue Medienteilmärkte. Diplomica Verlag, Hamburg.

Baumann, G. (2016): Der Weg zum erfolgreichen Kundenmagazin. Editorial Design im Content Marketing. tappo Verlag anette baumann, Ludwigsburg.

Bentele, G. / Brosius, H. B. / Jarren, O. (Hrsg.) (2013): Lexikon Kommunikations- und Medienwissenschaft. 2., überarbeitete und erweiterte Auflage. Springer Fachmedien, Wiesbaden.

Berndsen, B. (2015): Operation gelungen? Kommunikation von und für Kliniken. In: Steinke, L. (Hrsg.) (2015): Die neue Öffentlichkeitsarbeit. Wie gute Kommunikation heute funktioniert: Strategien – Instrumente – Fallbeispiele. Springer Gabler | Springer Fachmedien, Wiesbaden, S. 105–123.

Bogner, A. / Littig, B. / Menz, W. (2014): Interviews mit Experten. Eine praxisorientierte Einführung. Springer Fachmedien, Wiesbaden.

Burkhardt, R. / Kircher, L. (2005): Informieren. Unterhalten. Integrieren. In: Dörfel, L. (2005): Strategisches Corporate Publishing. Konzepte, Tools und Innovationen. depak Presseakademie GmbH, Berlin, S. 43–54.

Dörfel, L. (2005): Strategisches Corporate Publishing. Konzepte, Tools und Innovationen. depak Presseakademie GmbH, Berlin.

Ebel, F.-J. (2005): CP und Intranet. In: Dörfel, L. (2005): Strategisches Corporate Publishing. Konzepte, Tools und Innovationen. depak Presseakademie GmbH, Berlin, S. 117–118.

Freese, W. / Höflich, M. / Scholz, R. (Hrsg.) (2012): Praxishandbuch Corporate Magazines. Print – Online – Mobile. Gabler Verlag | Springer Fachmedien, Wiesbaden.

Haumer, F. (2013): Der Wertschöpfungsbeitrag von Corporate Publishing. Effekte formaler und inhaltlicher Gestaltungsmerkmale von Kundenmagazinen. Springer Fachmedien, Wiesbaden.

Herbst, D. G. (2012): Public Relations. Konzepte und Organisation. Instrumente. Kommunikation mit wichtigen Bezugsgruppen. 4., aktualisierte Auflage, Cornelsen Verlag, Berlin.

Hussy, W. / Schreier, M / Echerthoff, G. (2010): Forschungsmethoden in Psychologie und Sozialwissenschaften für Bachelor. Springer Verlag, Berlin / Heidelberg.

Jenkins, H. (2006): Convergence Culture: Where Old and New Media Collide. NYU Press, New York.

Klinker, G. (2012): Die Strukturierung von Erlebniswelten. Themenfindung und Rubrizierung. In: Freese, W. / Michael Höflich, M. / Scholz, R. (Hrsg.) (2012): Praxishandbuch Corporate Magazines. Print – Online – Mobile. Springer Gabler | Springer Fachmedien, Wiesbaden, S. 130–139.

Lücke, R. (2012): CP 360 Grad – Grundlagenstudie für den Handel. In: Freese, W. / Michael Höflich, M. / Scholz, R. (Hrsg.) (2012): Praxishandbuch Corporate Magazines. Print – Online – Mobile. Springer Gabler | Springer Fachmedien, Wiesbaden, S. 238–245.

Moser, H. (2005): Wie kreativ darf die Gestaltung im Corporate Publishing sein? In: Dörfel, L. (2005): Strategisches Corporate Publishing. Konzepte, Tools und Innovationen. depak Presseakademie GmbH, Berlin, S. 97–112.

Netz, M. (2006): Crossmedia-Kampagnen: Gestaltungsvarianten und Wirkungsmechanismen. Diplomica Verlag, Hamburg.

Oeckl, A. (1964) in Steinke, L. (Hrsg.) (2015): Die neue Öffentlichkeitsarbeit. Wie gute Kommunikation heute funktioniert: Strategien – Instrumente – Fallbeispiele. Springer Gabler | Springer Fachmedien, Wiesbaden, S. 3.

Olavarria, M. (2012): Viel mehr als ein Kundenbindungsinstrument. Strategische Zielsetzungen von Corporate Publishing. In: Freese, W. / Michael Höflich, M. / Scholz, R. (Hrsg.) (2012): Praxishandbuch Corporate Magazines. Print – Online – Mobile. Springer Gabler | Springer Fachmedien, Wiesbaden, S. 14–29.

Saunders, M. / Lewis, P. / Thornhill, A. (2012): Research Methods for Business Students. 6. Auflage, Pearson Education Limited, Harlow.

Schulz-Bruhdoel, N. / Bechtel, M. (2011): Medienarbeit 2.0. Cross-Media-Lösungen. Das Praxisbuch für PR und Journalismus von morgen. 2., aktualisierte und ergänzte Auflage, F.A.Z.-Institut für Management-, Markt- und Medieninformationen GmbH, Frankfurt am Main.

Schumacher, H. (2005): Zukunftsmaschine CP. Zehn Thesen zu Chancen, Risiken und Nebenwirken von Corporate-Publishing-Produkten in einem dynamischen Markt. In: Dörfel, L. (2005): Strategisches Corporate Publishing. Konzepte, Tools und Innovationen. depak Presseakademie GmbH, Berlin, S. 139–141.

Siefke, A. (2012): Der Dreiklang des Corporate Publishing. Crossmedia – Consulting – Content. In: Freese, W. / Michael Höflich, M. / Scholz, R. (Hrsg.) (2012): Praxishandbuch Corporate Magazines. Print – Online – Mobile. Springer Gabler | Springer Fachmedien, Wiesbaden, S. 10–12.

Steinke, L. (Hrsg.) (2015): Die neue Öffentlichkeitsarbeit. Wie gute Kommunikation heute funktioniert: Strategien – Instrumente – Fallbeispiele. Springer Gabler | Springer Fachmedien, Wiesbaden.

Wachsmuth, N. / Gläser, H. (2014): Editorial Design. Magazingestaltung. Der Leitfaden für Grafiker und Journalisten. 2., erweiterte Neuauflage, Stiebner Verlag GmbH, München.

Weichler, K. (2014): Corporate Publishing: Publikationen für Kunden und Multiplikatoren. In: Zerfaß, A. / Piwinger, M. (Hrsg.) (2014): Handbuch Unternehmenskommunikation. Strategie – Management – Wertschöpfung. 2., vollständig überarbeitete Auflage. Springer Fachmedien, Wiesbaden, S. 767–785.

Winkelmann, P. (2005): CRC – Erfolgspotenziale durch die CRM-getriebene Kundenzeitung. In: Dörfel, L. (2005): Strategisches Corporate Publishing. Konzepte, Tools und Innovationen. depak Presseakademie GmbH, Berlin, S. 135–137.

Zanetti, V. (2012): Vertrieb, Verbreitung und Datengewinnung. Wie Print, Mobile, Online und TV den Erfolg sichern. In: Freese, W. / Michael Höflich, M. / Scholz, R. (Hrsg.) (2012): Praxishandbuch Corporate Magazines. Print – Online – Mobile. Gabler Verlag | Springer Fachmedien, Wiesbaden, S. 183–191.

Zappaterra, Y. (2008): Editorial Design. Stiebner Verlag GmbH, München.

Zeitschriften, Broschüren und Flyer

Albers, M (2015): Content-Marketing. Inhalt verbindet. In: brand eins Thema: Agenturen, Ausgabe 2015 / 0 (2015): Pssst! Hör zu. Dann klappts' auch mit dem Marketing. URL: http://www.brandeins.de/wissen/brand-eins-thema-agenturen/agenturen-hoer-zu/ (Stand: 26.06.2016).

Förster, U. (2016): SIEMENS. Eine neue „Welt". In: PR-Report, 1 / 2016, S. 24–25.

Nacken, H. (2010): CP 2.0 – Gut vernetzt. In: Ergo. 2010. S. 12–13.

Scheifele, N. / Zierer, C. (2010): Unternehmenskommunikation vom Feinsten. In: Versio!, 3-2010, S. 38–42.

Studien

Content Marketing Forum (2016): Whitepaper Content Distribution. Stand 2016, 2. überarbeitete Ausgabe. München. URL: http://content-marketing-forum.com/wp-content/uploads/2016/02/CMF_whitepaper_Content_Distribution_2016_neu1.pdf (Stand: 07.07.2016).

Huber, T. (2013): Zeitungen & Zeitschriften. In: Zukunftsinstitut GmbH (Hrsg.) (2013): Die Zukunft der Medien. Neue Wege zum Kunden: Die 15 wichtigsten Medienkanäle, Kelkheim, S. 110–115.

Kirig, A. (2013): Bücher. In: Zukunftsinstitut GmbH (Hrsg.) (2013): Die Zukunft der Medien. Neue Wege zum Kunden: Die 15 wichtigsten Medienkanäle, Kelkheim, S. 80–85.

Medienpädagogischer Forschungsverbund Südwest (2014): JIM 2014 – Jugend, Information, (Multi-) Media. Basisstudie zum Medienumgang 12- bis 19-Jähriger in Deutschland. URL: http://www.mpfs.de/fileadmin/JIM-pdf14/JIM-Studie_2014.pdf (Stand: 25.06.2016).

publisuisse SA / zehnvier GmbH (2014): Medien der Zukunft 2020. 20 Erkenntnisse zu Medienlandschaft, Marketing, Kommunikation und deren Entwicklung. Bern. URL: http://www.zehnvier.de/data/1410777321_medien_der_zukunft_2020_d.pdf (Stand: 09.07.2016).

Siegfried Vögele Institut / Internationale Gesellschaft für Dialogmarketing mbH / TNS Emnid / Deutsche Post AG (2011): Corporate Publishing: CP 360 Grad. SVI Dialog Research & Consulting / TNS Emnid Mediaforschung. Bielefeld. URL: http://www.cpwissen.de/tl_files/pdf/STUDIEN/TNS-Emnid_CP-360-Grad.pdf (Stand: 14.06.2016).

Statista GmbH (Hrsg.) / Computer Bild (2016): Online-Shop-Studie 2016: Was macht Shops erfolgreich? URL: https://stat-download-public.s3.eu-central-1.amazonaws.com/Study/1/30000/34891_sample.pdf (Stand: 31.06.2016).

Universität Hamburg (2011): Corporate Publishing. PR als Journlalismus. Eine Studie des Masterstudiengangs Journalistik und Kommunikationswissenschaft an der Universität Hamburg. URL: https://www.wiso.uni-hamburg. de/fileadmin/sowi/journalistik/PDFs/Studie_Corporate_Publishing_online.pdf (Stand: 12.06.2016).

Zukunftsinstitut GmbH (Hrsg.) (2013): Die Zukunft der Medien. Neue Wege zum Kunden: Die 15 wichtigsten Medienkanäle, Kelkheim.

zehnvier GmbH / Europäischen Institutes für Corporate Publishing (EICP) (2014): Basisstudie IV. Print, Online, Mobile – CP in einer neuen Dimension. München. URL: http://www.zehnvier.de/data/1410776965_Basis_IV_Praesentation_BCP_140701.pdf (Stand: 09.07.2016).

Internetadressen

Adobe Systems Software Ireland Limited (2016): Adobe Digital Publishing Solution. URL: http://www.adobe.com/de/products/digital-publishing-solution.html (Stand: 05.07.2016).

aexea GmbH (2014): Passende Inhalte mit intelligentem Content. URL: http://www.text-gold.de/tag/lesen-am-bildschirm/ (Stand: 04.07.2016).

ARD / ZDF-Medienkommission (2015): ARD & ZDF Onlinestudie. Entwicklung Internetnutzung unterwegs. URL: http://www.ard-zdf-onlinestudie.de/index.php?id=524 (Stand: 25.06.2016).

Bitkom / Statista GmbH (2015): Lesen Sie zumindest hin und wieder Bücher oder E-Books für berufliche oder private Zwecke? URL: http://de.statista.com/statistik/daten/studie/277971/umfrage/nutzung-von-buechern-und-e-books-deutschland/ (Stand: 04.07.2016).

Brandt, M. (2016a): Auslaufmodell SMS? In: statista. Das Statistikportal. URL: https://de.statista.com/infografik/2208/pro-jahr-in-deutschland-verschickte-sms/ (Stand: 17.06.2016).

Brandt, M. (2016b): Mobile Only ist (noch) kein großes Thema. In: statista. Das Statistikportal. URL: https://de.statista.com/infografik/4033/nutzung-von-stationaeren-mobilen-internet-angeboten/ (Stand: 25.06.2016).

Broichmann, J. (2014): Mehr Leser, mehr Kunden: Erfolgsmessung im Corporate Publishing wird wichtiger. In: cmblogger.de (2014). URL: https://www.cmblogger.de/besser-werden-erfolgsmessung-im-corporate-publishing/ (Stand: 31.06.2016).

Burgard-Arp, N. (2014): 8 Beispiele, wie Printmedien Brücken in die digitale Welt schlagen. In: MEEDIA (2014). URL: http://meedia.de/2014/07/29/8-beispiele-wie-printmedien-bruecken-in-die-digitale-welt-schlagen/ (Stand: 04.07.2016).

comScore / Statista GmbH (2012): Anteil der CR-Code-Nutzer in Europa, die schon einmal Codes von folgenden Quellen gescannt zu haben. URL: http://de.statista.com/statistik/daten/studie/242749/umfrage/meistgenutzte-medien-fuer-das-scannen-von-qr-codes-in-europa/ Stand: 04.06.2016).

Data Center Map ApS (o. J.): Rechenzentren in Deutschland. URL: http://www.rechenzentrum-datacenter.de (Stand: 18.06.2016).

DaWanda GmbH (2016): Do-It-Yourself. URL: http://de.dawanda.com/do-it-yourself/ (Stand: 27.06.2016).

Dengler, V. (2015): Zeitungen im Medienwandel: Es geht lediglich ums Ganze. In: Spiegel Online. URL: http://www.spiegel.de/netzwelt/web/digitaler-wandel-und-zeitungssterben-gastbeitrag-von-nzz-ceo-veit-dengler-a-1047017.html (Stand: 12.06.2016).

EICP (Europäisches Institutes für Corporate Publishing) / zehnvier (2014a): Investitionsvolumen im Corporate Publishing in Deutschland, Österreich und der Schweiz in den Jahren 2010, 2012 und 2014 (in Milliarden Euro). In: Statista (2016). URL: http://de.statista.com/statistik/daten/studie/245978/umfrage/investitionen-corporate-publishing-deutschland-oesterreich-schweiz/ (Stand: 11.08.2016).

EICP (Europäisches Institutes für Corporate Publishing) / zehnvier (2014b): Investitionen in Digital und Print im Corporate Publishing in Deutschland, Österreich, Schweiz in den Jahren 2014 und 2016 (in Milliarden Euro). In: Statista (2016). URL: http://de.statista.com/statistik/daten/studie/245999/umfrage/investitionen-in-digital-und-print-im-corporate-publishing/ (Stand: 16.08.2016).

eMarketer / Statista GmbH (2015): Anzahl der Tablet-Nutzer in Deutschland von 2010 bis 2015 und Prognose bis 2020 (in Millionen). URL: http://de.statista.com/statistik/daten/studie/256712/umfrage/anzahl-der-tablet-nutzer-in-deutschland/ (Stand: 07.07.2016).

Eurostat / Statista GmbH (2013): Umsatz im Einzelhandel mit Büchern in Deutschland von 2008 bis 2013 und Prognose bis zum Jahr 2020 (in Millionen Euro). URL: http://de.statista.com/prognosen/400426/ einzelhandel-mit-buechern-in-deutschland---umsatzprognose (Stand: 04.07.2016).

FCP in: Business-Wissen.de (2009): Corporate Publishing. Marketing mit der Firmenzeitung. URL: http://www.business-wissen.de/artikel/corporate-publishing-marketing-mit-der-firmenzeitung/ (Stand: 23.02.2016).

FCP (Forum Corporate Publishing) (2015a): CP-Markt. Überblick. URL: http://www.forum-corporate-publishing.com/index.php/de/cp-markt/ ueberblick (Stand: 09.02.2016).

FCP (Forum Corporate Publishing) (2015b): Content Marketing und FCP. Content Marketing – unsere Definition. URL: http://www.forum-corporate-publishing.com/index.php/de/ueber-uns/content-marketing-und-fcp (Stand: 23.02.2016).

FCP (Forum Corporate Publishing) (2015c): Neuer Name, neue Vorstandsstruktur: FCP vollzieht Umbenennung zum Content Marketing Forum. URL: http://www.forum-corporate-publishing.com/index.php/index.php/ de/component/k2/item/1381-neuer-name-neue-vorstandsstruktur-fcp-vollzieht-umbenennung-zum-content-marketing-forum (Stand: 23.02.2016).

FUR / Statista (2016): Anteil der mobilen Internetnutzer in Deutschland nach Endgeräten in den Jahren 2011 bis 2016. URL: http://de.statista.com/ statistik/daten/studie/181973/umfrage/genutzte-mobilgeraete-fuer-mobilen-internetzugang-in-deutschland/ (Stand: 25.06.2016).

Gartner / Statista (2016): Endkundenabsatz von Smartphones weltweit von 2007 bis 2015 (in Millionen Stück). URL: http://de.statista.com/statistik/ daten/studie/12856/umfrage/absatz-von-smartphones-weltweit-seit-2007/ (Stand: 25.06.2016).

Graff, B. (2010): Lesen am Bildschirm. Der freie Fall der Seh-Linie. URL: http://www.sueddeutsche.de/kultur/lesen-am-bildschirm-der-freie-fall-der-seh-linie-1.705601 (Stand: 26.06.2016).

Gründerszene (o. J.): Lexikon. Digital Native.
URL: http://www.gruenderszene.de/lexikon/begriffe/digital-native
(Stand: 12.06.2016).

Hadem, R. (2015): Print-Produkte = Mehr Aufmerksamkeit für Start-ups.
In: DS Media GmbH (2015). URL: http://www.deutsche-startups.
de/2015/12/21/print-produkte-mehr-aufmerksamkeit-fuer-start-ups/
(Stand: 25.06.2016).

HLRS (o. J.): Solutions & Services. ENTERPRISES & SME. URL: https://
www.hlrs.de/solutions-services/enterprises-sme/ (Stand: 18.06.2016).

IDC / Statitsta (2016a): Absatz von Tablets weltweit vom 2. Quartal 2010 bis
zum 1. Quartal 2016 (in Millionen Stück). URL: http://de.statista.com/
statistik/daten/studie/181569/umfrage/weltweiter-absatz-von-media-
tablets-nach-quartalen/ (Stand: 25.06.2016).

IDC / Statista (2016b): Prognose zum weltweiten Absatz von PCs von 2009
bis 2020 (in Millionen Stück). URL: http://de.statista.com/statistik/daten/
studie/160878/umfrage/prognose-zum-weltweiten-absatz-von-pcs/
(Stand: 25.06.2016).

IfD Allensbach / Statista (2015a): Anzahl der Personen in Deutschland, die
längere Texte lieber an einem Bildschirm bzw. lieber auf Papier lesen, in den
Jahren 2014 und 2015 (in Millionen). URL: http://de.statista.com/statistik/
daten/studie/265252/umfrage/bildschirm-oder-papier--lesen-laengerer-
texte/ (Stand: 04.07.2016).

IfD Allensbach / Statista (2015b): Welche Aussagen zum Thema Lesen, zur
Nutzung von Zeitungen, Zeitschriften und Büchern treffen auf Sie zu?
URL: http://de.statista.com/statistik/daten/studie/171235/umfrage/
zutreffende-aussagen-zum-thema-lesen/ (Stand: 05.07.2016).

Jacobsen, J. (2015): Usability: Sieben Punkte für eine benutzerfreundliche
Website. In: UPLOAD Magazin (2015). URL: http://upload-magazin.de/
blog/10393-usability-sieben-punkte-fuer-eine-benutzerfreundliche-website/
(Stand: 12.06.2016).

Kalwa, C. (o. J.): Schriftportrait Eurostile. URL: https://schriftgestaltung.com/schriftlexikon/schriftportrait/eurostile.html (Stand: 18.06.2016).

Koschnick, W. J. (2010): Medienkonvergenz. Zusammenwachsen von Fernsehen, Internet, Telekommunikation. In: Bundeszentrale für politische Bildung (Hrsg.) (2010): Televisionen. Fernsehgeschichte Deutschlands in West und Ost. URL: https://www.google.de/url?sa=t&rct=j&q=&esrc=s&source=web&cd=1&ved=0ahUKEwiK26-bguHMAhUHvBQKHeMQD-cQFggdMAA&url=https%3A%2F%2Fwww.bpb.de%2Fsystem%2Ffiles%2Fdokument_pdf%2FGuS_37_Medienkonvergenz.pdf&usg=AFQjCNFxDt34AOHnBIJRq_lhUVb7OTLAYg&sig2=hG8Cc-jaxCR1G84_98NviA (PDF-Datei, Stand: 17.06.2016).

Laufersweiler, T. (2016): Twitter und Journalismus – wer profitiert? In: ARD.de. URL: http://www.ard.de/home/ard/Twitter_und_Journalismus___wer_profitiert_/2392846/index.html (Stand: 06.08.2016).

Onlinemarketing-Praxis (o. J.): Definition Content-Marketing. URL: http://www.onlinemarketing-praxis.de/glossar/content-marketing (Stand: 11.08.2016).

Projecter GmbH (2014): 5 Beispiele für richtig gelungene Content Marketing Kampagnen. URL: http://www.projecter.de/blog/seo/5-beispiele-fuer-richtig-gelungene-content-marketing-kampagnen.html (Stand: 11.08.2016).

Reichelt, J. (2015): Medienangebote online – Exklusivität lässt sich nicht mehr aufrechterhalten. In: Medientreffpunkt Mitteldeutschland (2015): Medienangebote online – Exklusivität lässt sich nicht mehr aufrechterhalten. In: Medientreffpunkt.de. URL: http://www.medientreffpunkt.de/index.php/presse/pressemitteilungen/medienangebote-online-exklusivitaet-laesst-sich-nicht-mehr-aufrechterhalten/ (Stand: 10.08.2016).

Scheele, F. (2016): Guardian denkt über exklusive Inhalte für Mitglieder nach. In: Kontakter.de. URL: http://www.kontakter.de/internationale_news/guardian_denkt_ueber_exklusive_inhalte_fuer_mitglieder_nach (Stand: 26.06.2016).

Scheidtweiler, N. (2013): Content Marketing ist klassische PR – im Gegensatz zur Werbung. URL: http://www.scheidtweiler-pr.de/content-marketing-ist-klassische-pr-im-gegensatz-zur-werbung/ (Stand: 11.08.2016).

Sellin, H. (2014): Die Macht der Kundenbewertungen: Produkte mit positivem Rating verkaufen sich um 200 % besser. In: OnlineMarketing.de GmbH (2014). URL: http://onlinemarketing.de/news/kundenbewertungen-produkte-mit-positivem-rating-verkaufen-sich-um-200-prozent-besser (Stand: 15.06.2016).

Springer Gabler Verlag (Hrsg.) (o. J.a): Gabler Wirtschaftslexikon, Stichwort: Zeitschrift. URL: http://wirtschaftslexikon.gabler.de/Archiv/569826/zeitschrift-v4.html (Stand: 11.08.2016).

Springer Gabler Verlag (Hrsg.) (o. J.b): Gabler Wirtschaftslexikon, Stichwort: Crossmedia. URL: 35/Archiv/81345/crossmedia-v7.html (Stand: 13.08.2016).

Springer Gabler Verlag (Hrsg.) (o. J.c): Gabler Wirtschaftslexikon, Stichwort: Relaunch. URL: http://wirtschaftslexikon.gabler.de/Archiv/57352/relaunch-v4.html (Stand: 02.08.2016).

SVI Dialog Research & Consulting / TNS Emnid Media Forschung (2016): Medien mit der höchsten Überzeugungskraft. In: Statista (2016). URL: http://de.statista.com/statistik/daten/studie/221488/umfrage/umfrage-zu-den-medien-mit-der-hoechsten-ueberzeugungskraft/ (Stand: 05.07.2016).

Universität zu Köln. Institut für Soziologie und Sozialpsychologie (o. J.): Glossar: Nullhypothese. URL: http://eswf.uni-koeln.de/glossar/node149.html (Stand: 08.07.2016).

Upon GmbH (2015): Wie man mit Contentmarketing richtig viele potentielle Kunden anzieht! URL: https://www.upon-onlinemarketing.de/wie-man-mit-contentmarketing-richtig-viele-potentielle-kunden-anzieht/ (Stand: 27.05.2016).

VPRT – Verband Privater Rundfunk und Telemedien e. V. (2016): Mobile Abrufzahlen von Onlineportalen im April 2016. URL: http://www.vprt.de/thema/marktentwicklung/medienmessung/online-messung/informationsgemeinschaft-zur-feststellung-de-206?c=0 (Stand: 25.05.2016).

VuMA / Statista GmbH (2014): Millennials in Deutschland nach Häufigkeit der Nutzung von QR-Codes (Handy, Smartphone) im Jahr 2014. URL: http://de.statista.com/statistik/daten/studie/290498/umfrage/umfrage-unter-millennials-zur-haeufigkeit-der-nutzung-von-qr-codes/ (Stand: 04.07.2016).

Weber, J. (2010): Website Usability Checkliste. In: webhelps! Online Marketing GmbH (2010). URL: http://www.webhelps.de/blog/2010/07/23/website-usability-checkliste/ (Stand: 31.06.2016).

West, B. M. (2014): Corporate Publishing-Investitionen steigen auf 5,8 Milliarden Euro. In: New Business Verlag GmbH & Co. KG: CP Monitor (2014). URL: http://www.cp-monitor.de/news/detail.php?nr=27408&rubric=News (Stand: 09.07.2016).

Wulff, H. J. (2011): Rieplsches Gesetz. In: Lexikon der Filmbegriffe. URL: http://filmlexikon.uni-kiel.de/index.php?action=lexikon&tag=det&id=4772 (Stand: 15.05.2016).

Anhang

A1 Experteninterview mit Prof. Dr. Martin Liebig

Professor für Journalismus, Online-Medien und
Mediengestaltung an der Westfälischen Hochschule
in Gelsenkirchen
– 8. April 2016 –

Knapp: Bitte erzählen Sie von Ihrem beruflichen Hintergrund und Ihrem Bezug zum Thema Corporate Publishing.

Liebig: Ich habe mich früh dazu entschlossen, Journalist zu werden. Also habe ich in Dortmund Journalistik studiert, habe anschließend mein Volontariat bei der WAZ [Westdeutsche Allgemeine Zeitung, Anm. d. Verf.] absolviert, nachdem ich zuvor freier Mitarbeiter bei der WZ [Westdeutsche Zeitung, Anm. d. Verf.], den Ruhrnachrichten und beim WDR [Westdeutscher Rundfunk, Anm. d. Verf.] war.

Im Laufe meines Studiums kam das Internet auf: Ich habe 1994 meine erste Website gesehen, 1995 meine erste gestaltet. Das ging damals alles sehr schnell, man lernte ein bisschen HTML und damit konnte man schon einiges machen. Der zweite große Hype in den 90 Jahren waren die Infografiken, die mich auch sehr interessiert haben. Also habe ich versucht, mein Journalistik-Studium stark mit grafischen Aspekten zu verbinden und habe mich dann vor allem dem Online-Journalismus und den Infografiken gewidmet. Über Infografiken habe ich auch meine Diplomarbeit und später ein Buch geschrieben. Schon als ich noch Student war, habe ich als Dozent vor allem Volontäre in eben diesen Bereichen unterrichtet.

Einige Jahre habe ich auch in Agenturen gearbeitet und dort viel gelernt. Nach dem Studium habe ich mich dann selbstständig gemacht. Im CP-Bereich hatte ich so schon einige spannende Projekte: Zum Beispiel habe ich lange die Mitarbeiterzeitschrift der Deutschen Bahn mitgestaltet und für Continental und den Deutschen Fußballverband gearbeitet. Inzwischen bin ich seit elf Jahren Dozent für Online-Journalismus und Gestaltung an der Westfälischen Hochschule in Gelsenkirchen.

Aber mit meinen Schwerpunktthemen bin ich nach wie vor ein „Zwitterwesen". Ich bin einer der wenigen Dortmunder Absolventen, der Journalistik studiert hat mit dem Schwerpunkt auf Grafik. Meine große Frage war schon immer: „Wie kann man Journalismus grafisch gestalten?"

Knapp: Beobachten Sie, dass Unternehmen sich immer häufiger von Print-Produkten verabschieden, zum Beispiel aus Kostengründen?

Liebig: Nein. Die Gesamtauflage der gedruckten deutschen Kundenzeitschriften ist höher denn je – fast vier Milliarden. Daran erkennt man auch die Wichtigkeit des Themas. Es gibt einfach Konzepte, die immer – oder zumindest noch sehr viele Jahre – auf Papier besser funktionieren werden als digital.

Knapp: Warum funktionieren manche Konzepte besser auf Papier?

Liebig: Weil wir in unserem Alltag zwei unterschiedliche Arten des Lesens prakti-zieren. Ich unterscheide dabei zwischen dem funktionalen und dem emotionalen Lesen. Funktionales Lesen beschreibt innerhalb eines Unternehmens den Aus-tausch von Informationen, zum Beispiel in Projektgruppen. Dasselbe geschieht zum Beispiel auch auf Facebook – niemand liest auf Facebook oder womöglich sogar auf dem Smartphone ganze Geschichten. Dort lesen wir, um uns schnell über Vorgänge zu informieren. Auf der anderen Seite gibt es das „Lean-Back"-Le-sen, das man auch genießt. Und dieses emotionale Lesen hat selbst bei den Digital Natives noch etwas mit Haptik und Umblättern zu tun. Das ist natürlich nur eine These, die mir aber plausibel erscheint.

Knapp: Wie würden Sie den Begriff „Online-Magazin" definieren? Es existiert ja bisher keine offizielle Definition.

Liebig: Richtig. Bisher konnte man sich auf keine Definition einigen. Meiner Ansicht nach ist ein Online-Magazin in seiner Urentstehung das digitale Gegenstück zu einem Print-Magazin oder einer gedruckten Zeitung, zum Beispiel „Der Spiegel" und „Spiegel Online" – also Nachrichtenportale. Ein reines PDF ist jedoch kein Online-Magazin. Blöd gesagt, ist ein PDF ja nur eine Vorlage zum Ausdrucken. Online im Allgemeinen definiert sich ja vor allem durch Interaktivität beziehungsweise nutzergesteuerte Inhalte.

Knapp: Welchem Kanal schenken die Leser ihrer Erfahrung nach mehr Aufmerksamkeit? Print oder Online?

Liebig: Papier als Druckstoff ist schlicht und ergreifend teurer. Das heißt, eine gedruckte Information strahlt allein durch den gefühlten Mehraufwand in seiner Erstellung eine hohe Wertigkeit aus. Unternehmen händigen etwas aus, übergeben etwas, das offenkundig Geld gekostet hat. Dadurch bekommt das Print-Produkt eine andere, höhere Aufmerksamkeit und auch eine andere Wertigkeit, die ja auch Geschenk-Charakter hat.

Dazu kommt, dass das Aufschlagen eines Heftes immer noch eine andere Wertigkeit besitzt, als das Öffnen einer Website. Diese kann ich mit einem Klick wieder verlassen. Das bedeutet, ein analoges Medium in die Hand zu nehmen, erfordert mehr Aufwand, nämlich eine bewusste Entscheidung und dasselbe gilt auch, um es wieder wegzulegen. Das bringt eine ganz andere Art der Hinwendung zum gedruckten Medium mit sich.

Es kommt natürlich auch auf die Zielgruppe an. Leute über 50 lesen gerne auf Papier. Auch ich gehöre zu einer Generation, der die Haptik eines Mediums immer noch sehr viel bedeutet. Ich denke, das nimmt zwar langsam ab – auch bei mir –, aber dennoch werde ich wohl bis an mein Lebensende eine Tageszeitung abonnieren. Das gehört für mich dazu und ist Teil meines Lebens.

Deshalb halte ich es durchaus für sinnvoll, wenn Unternehmen nicht komplett auf analoge Medien verzichten, gerade um diese spezielle Hinwendung zum Medium, die man mit Corporate-Publishing-Produkten ja auch anstrebt, aufrechtzuerhalten.

Knapp: Wenn das gedruckte Wort Ihrer Meinung nach mehr Aufmerksamkeit erhält, ist es dann auch glaubwürdiger?

Liebig: Nein. Vielleicht gibt es bei den Lesern einen unbewussten Gedankensprung, schließlich ist es teurer etwas zu drucken, als es online zu stellen. Wenn man also dieses Geld in die Hand nimmt, gehen die Leser vielleicht davon aus, dass die Informationen sorgfältiger recherchiert sind. Es ist aber nur eine Vermutung, das Leser es unbewusst so wahrnehmen.

Ich denke, Menschen, die über eine gewisse Medienkompetenz verfügen, bewerten ein Medium, vor allem seine Glaubwürdigkeit, ganz eindeutig nach dem Absender. Dafür spricht auch, dass kaum noch jemand die Tagesschau um zwanzig Uhr schaut, die Institution Tagesschau aber noch immer die größte Glaubwürdigkeit hat.

Knapp: Gibt es Ihrer Meinung nach bestimmte Bereiche oder Branchen, für die ein Print-Magazin generell sinnvoller ist, als ein Online-Magazin oder umgekehrt?

Liebig: Ich kann mir durchaus vorstellen, dass technisch orientierte Branchen, zum Beispiel aus dem Bereich IT, einfach aus dem Selbstverständnis heraus digitale Medien anbieten sollten. Dabei sollten wir allerdings nicht unbedingt von Corporate Publishing reden. Corporate Publishing bedeutet ja, über sich selbst zu sprechen – und nicht mit dem Zweck, etwas Bestimmtes zu verkaufen. Das Mitarbeiter- oder Kundenmagazin ist ja kein Mittel, um damit auf direktem Weg den Umsatz anzukurbeln. Dabei geht es um immaterielle Werte wie Vertrauen und Kundenbindung. Wenn ein Unternehmen aus der Technik-Branche eine persönliche Bindung zum Kunden aufbauen möchte, lässt sich das sicherlich nicht dadurch erreichen, zu zeigen, wie unheimlich technisch versiert man ist. Daher sollte man sich immer fragen, welche Ziele ein CP-Produkt hat und dabei die Zielgruppe und vor allem auch die Inhalte im Blick behalten. Deshalb darf man diese Frage nicht per se branchenabhängig sehen.

Knapp: Welche Art von Artikeln – ob online oder offline – kommen denn beim Publikum besonders gut an?

Liebig: Menschen interessieren sich für andere Menschen. Vor allem interessieren sie sich für solche, die sie kennen oder kennenlernen wollen. Da spielen auch die Nachrichtenfaktoren eine Rolle – hier vor allem Nähe. Menschen interessieren sich für ihr direktes Umfeld, in ihrer Funktion als Mitarbeiter eines Unternehmens für das Firmenumfeld. Zum Beispiel ist der Typ aus der oberen Etage, der jedes Jahr mit seiner Harley einen anderen Kontinent bereist, interessant für andere Mitarbeiter, obwohl sie ihn eigentlich kaum kennen. Das ist eine typische Geschichte, die in einem gedruckten Mitarbeitermagazin super funktioniert. Oder wenn die Hübsche aus der Buchhaltung zur Miss Osnabrück gekürt wurde oder sich jemand in seiner Freizeit als Bierbrauer versucht. Das sind sogenannte „Feel-Good"-Geschichten. Dabei handelt es sich um das zuvor beschriebene emotionale Lesen – und das muss auch in einem sehr technischen und digitalisierten Umfeld eben nicht digital sein, sondern funktioniert meiner Ansicht nach analog deutlich besser.

Im beruflichen Umfeld kommen solche Dinge gut an, die die Mitarbeiter direkt betreffen. Wenn man mal unterstellt, dass den meisten Menschen ihr Beruf zumindest ein bisschen Spaß macht, sind auch „softe" Branchen-News ganz sinnvoll.

Knapp: Wenn man Ihre These vom emotionalen und funktionalen Lesen berücksichtigt, kann man schlussfolgern: Emotionale Themen gehören in die gedruckte Zeitschrift und reine Informationen ins Intranet. Richtig?

Liebig: Genau. Wenn ein Mitarbeiter zum Beispiel wissen möchte, wann Betriebsferien geplant sind, die nächste Mitarbeiterversammlung anberaumt ist, welche Sonderaktionen es in der Kantine gibt oder Ähnliches, kann das im Intranet veröffentlicht werden. Dort wird der Mitarbeiter auch danach suchen. Aber die Geschichte über den Harley-Fahrer, die möchte man gern in Ruhe lesen – am besten mit schönen, großen Bildern.

Knapp: Was kann ein Mitarbeitermagazin denn im Allgemeinen erreichen?

Liebig: Die Ziele eines Mitarbeitermagazins können vielfältig sein. Es kann auch das Ziel sein, den Vorstand glücklich zu machen, indem er sich auf jeder zweiten Seite wiederfindet. Dann ist das Magazin aber eher ein Leistungsnachweis, bei dem es nicht um die Mitarbeiter geht, sondern um die Publikation der eigenen Wichtigkeit. Das halte ich zwar aus kommunikativer Sicht für völligen Blödsinn, aber das gibt es auch. In dem Fall ist aber alles, worüber wir grade gesprochen haben, für die Katz.

Sollte das Magazin aber dazu dienen, das Betriebsklima zu verbessern, das gegenseitige Verständnis zu fördern oder der Identifikation mit dem Unternehmen, dann kommen die Themen zum Tragen, die ich zuvor genannt habe. Mitarbeiter fühlen sich wohl, wenn sie sich auskennen, sie sich aufgehoben fühlen im Unternehmen. Sie möchten Teil von etwas sein, das sie durchblicken und sich nicht nur als kleines Rädchen im System fühlen. Wenn man das als Sinn einer Mitarbeiterzeitschrift definiert, sollten im Magazin keine Informationen, sondern Emotionen die Hauptrolle spielen. Dann ist wie gesagt, das analoge Magazin die richtige Wahl.

Knapp: Würden Sie sagen, dass Leser mittlerweile erwarten, dass Inhalte auch online verfügbar sind? Sprich, dass sie sich den Kanal aussuchen wollen, auf dem sie Inhalte konsumieren?

Liebig: Heutzutage ist es ja fast schon eine Frage der Ehre, dass jedes Print-Produkt ein digitales Gegenstück hat. Wie genau das aussieht und konzipiert ist, ist dann wieder eine andere Frage. Man muss aber schon auch online Etwas anbieten. Dieses Etwas kann komplementär sein oder auch eine Abbildung vom Print-Produkt – wie ein PDF.

Als Bespiel für ein komplementäres Online-Medium fällt mir der kicker ein. Es gibt einmal wöchentlich das kicker-Magazin, also das gedruckte Blatt mit vielen Hintergrundberichten, das für die nicht ganz so hartgesottenen Fußballfans eher langweilig ist. Andererseits gibt es dann das Online-Format des kicker mit Live-Ticker und den aktuellen Ergebnissen, wo auch die nur oberflächlich am Fußball interessierte Leserschaft auf ihre Kosten kommt. Daher ist das eine wunderbar komplementäre Funktion, die hier erfüllt wird. Das, was das statische, analoge Blatt nicht schafft, wird online umgesetzt.

Ob der Kunde so etwas auch erwartet? Schwer zu sagen. Ich würde erwarten, dass ein Medium, das mich interessiert, mich auf dem Kanal abholt, wo es am besten zur Geltung kommt. Wobei ich bei einem analogen Medium wie gesagt schon erwarte, dass es auch ein digitales Gegenstück gibt, allerdings gilt das nicht umgekehrt.

Das kicker-Magazin ist tatsächlich ein sehr gutes Beispiel für sich ergänzende Medien auf verschiedenen Kanälen. Selbstverständlich liegt das aber auch an der Aktualität der Inhalte.

Knapp: Wie lassen sich Print-Medien, die vielleicht keine brandaktuellen Themen haben, trotzdem sinnvoll online ergänzen?

Ein gedrucktes Magazin könnte bei bestimmten Artikeln mit QR-Codes arbeiten, die auf eine Website mit weitergehenden Informationen führt. Sinnvoll ist es, im Print-Magazin bestimmte Geschichten „anzufüttern", indem man die Wertigkeit des Print-Produkts ausnutzt. Aufmerksamkeit zu erzeugen funktioniert analog immer noch besser. Was dann online weiterhin passiert, hängt auch vom Budget ab. Zum Beispiel sind diese viel gelobten Online-Dossiers mit Video, Text und interaktiver Infografik auch unheimlich teuer. Das muss man sich erst mal leisten können, aber das erwartet wohl auch niemand. Man muss sich fragen, was die Online-Nutzer überhaupt wollen. Da kommt ja auch wieder die Frage des emotionalen und funktionalen Lesens ins Spiel: Ich kann mir nicht vorstellen, dass sich die Leser online in einem Inhalt „verlieren", sondern dass es hier um das funktionale, also informative Lesen geht.

Knapp: Welche Rolle spielt bei Corporate-Publishing-Produkten die Aktualität der Inhalte? Ein großer Vorteil eines Online-Magazins ist ja, dass sich Inhalte stetig aktualisieren lassen im Gegensatz zu einem Print-Magazin mit festem Redaktionsschluss.

Liebig: Corporate Publishing muss nicht aktuell sein. Wenn überhaupt, vielleicht latent aktuell. Zum Beispiel angepasst an die Jahreszeiten, im Winter könnte das eine Geschichte über einen Skiausflug sein. Wir reden ja nicht über Zeitungen, sondern über Zeitschriften und damit eher über den „langsameren" Journalismus.

Aber Sie haben schon Recht, dieses permanente Publizieren ist eine große Stärke im Online-Bereich, im Online-Journalismus vor allem. Eben weil man immer up to date ist. Die Frage ist halt, gibt es im Rahmen von Corporate Publishing überhaupt Menschen, die auf Informationen warten? Die Frage würde ich verneinen. Ein Mitarbeiter- oder Kundenmagazin ist meiner Ansicht nach nichts, wo Leser täglich nach Neuigkeiten suchen würden.

Knapp: Was halten Sie denn von Begriffen wie „Storytelling" und „Content Marketing"?

Liebig: Storytelling und Content Marketing sind zwei Buzzwords, die seit ein paar Jahren kursieren. Sie sind das Eingeständnis der PR-Branche, dass wir gerade mal wieder etwas Neues brauchen. Sie sind das Eingeständnis der PR-Branche, dass auf die Dauer nichts ohne Inhalt funktioniert. Jeder muss etwas zu erzählen haben, sonst interessiert sich niemand für dich. Das ist in letzter Zeit Vielen, vor allem auch Facebook-Fanpages, klar geworden. Schließlich wird niemand freiwillig Fan von Wilkonson 3 Klingen, es sei denn, sie locken mit monetären Vorteilen oder sie haben regelmäßig etwas interessantes zu erzählen – und da sind wir beim Content. Die Ernüchterung, die jetzt eingekehrt ist, ist aber schon verwunderlich. Wir sprechen im Journalismus seit 50 Jahren von Vermittlungsqualität und Textdramaturgie, von erzählerischem Journalismus und angefeatureten Einstiegen. Bei der PR habe ich den Eindruck, sie kommt immer wieder mit etwas vermeintlich Neuem um die Ecke, das der Journalismus seit mehr als 50 Jahren ziemlich verlässlich betreibt. Daher ist Content Marketing einfach das Eingeständnis: Mit null Inhalt, bekommen wir auch null Leser.

Aber es ist immer dasselbe mit diesen Buzzwords. Wir haben einen Kurs an unserem Institut [Institut für Journalismus und Public Relations an der Westfälischen Hochschule in Gelsenkirchen, Anm. d. Verf.], der „Multimedia" heißt, einfach weil es bei seiner Entstehung im Jahr 2002 das passende Schlagwort war. Wäre dieses Seminar 2005 eingeführt worden, hieße es wahrscheinlich jetzt „Crossmedia", 2010 hätte man es „Animation" genannt und würden wir es heute einführen, hieße es wohl „Dynamic Storytelling" oder so. Dabei wäre es im Grundsatz immer dasselbe Seminar, nur die Buzzwords ändern sich ständig, wie Sie sehen.

Knapp: Ich möchte nun gern zum Thema Gestaltung und Typografie übergehen. Wie wichtig ist denn eine ansprechende Gestaltung, sowohl im Print- als auch im Online-Bereich?

Liebig: Sagen wir mal so: Wenn wir einem Menschen begegnen, bilden wir uns ja sehr schnell ein Urteil über ihn, innerhalb von ein bis zwei Sekunden. Das geschieht über das Äußere, anders geht es innerhalb dieser kurzen Zeitspanne ja auch gar nicht. So ist es auch, wenn man ein Magazin aufschlägt. Beim sogenannten Initialimpuls nehmen wir vor allem Bilder und ein gewisses Gefühl von Ordnung und Typografie wahr. Letzteres ohne Lesen – wir reden jetzt nur vom Schriftbild. Innerhalb dieser ein bis zwei Sekunden fällt man also anhand dieser Informationen ein Urteil über die Wertigkeit des vorliegenden Mediums.

Dabei ist die Gestaltung bei Print-Produkten vielleicht nicht so wichtig wie im Online-Bereich. Wenn der User eine unaufgeräumte Website mit einer billigen Typografie vorfindet, ist er normalerweise sofort wieder weg.

Vor allem im Print-Bereich, kommt es aber mehr auf den Inhalt als auf die Gestaltung an. Lange Zeit war die inhaltlich beste Zeitung in Deutschland gleichzeitig die hässlichste: Die Süddeutsche Zeitung.

Dass Print-Produkte allein durch ihre Haptik zunächst schneller und einfacher die Aufmerksamkeit der Leser erreichen können, haben wir im Verlauf des Gesprächs schon festgestellt.

Knapp: Liest das Publikum auf gedrucktem Papier auch mit einer höheren Aufmerksamkeit als online?

Ich kenne Forschungsergebnisse, die ergeben haben, dass die Nutzer im Internet nicht langsamer lesen als auf Papier – das ist eher ein Gerücht. Sie lesen nicht langsamer, aber unaufmerksamer. Das belegen Tests, bei denen Versuchspersonen zum Beispiel möglichst schnell die Rechtschreibfehler eines Textes online und auf Papier finden sollten. Dabei waren die Differenzen sehr stark. Auf Papier lesen die Menschen viel konzentrierter, am Bildschirm eher flüchtiger. Ob sich das nun aber auf die tatsächliche Informationsaufnahme übertragen lässt, also ob Menschen Texte auf Papier wirklich besser verstehen oder behalten, ist heiß umstritten und bisher nicht nachgewiesen.

Ich persönlich vermute, dass es nicht das eine Medium gibt, das generell eine bessere Informationsaufnahme ermöglicht. Ich denke, Menschen lesen und merken sich das, was sie interessiert.

Knapp: Woran liegt es, dass Menschen am Bildschirm unaufmerksamer lesen?

Liebig: Das hängt mit den technischen Gegebenheiten zusammen. Bildschirme flimmern nach wie vor. Sie sind Selbststrahler. Weil wir Papier gewohnt sind, sind ja auch die meisten Webseiten weiß. Aber weiß ist die Summe aller Farben, das heißt, auf einem weißen Monitor bekommen wir die volle Dosis Lichtstrahlen, während Papier einfach ruhiger ist. Neurologisch gesehen stresst ein weißer Bildschirm beim Lesen. Optimal wäre dunkelgraue Schrift auf hellgrauem Hintergrund. Das macht aber niemand, weil ein hellgrauer Hintergrund an altes Papier erinnert – und wer liest schon gern eine alte Zeitung?

Knapp: Wie muss die Typografie sein, damit sie flüssig lesbar ist? Welche Grundregeln gibt es, wenn es um Typografie geht?

Liebig: Zu diesem Thema habe ich bereits selbst eine Untersuchung durchgeführt. Die Ergebnisse auch der vergangenen 50 bis 60 Jahre zu dieser Frage zeigen, dass es bei normalen Druckschriften, die nicht zu künstlerisch gestaltet sind, keine Unterschiede bei der Lesbarkeit gibt, die der Rede wert wären. Wichtig ist aber die Schriftgröße, auf Papier mindestens 9,5 Punkt.

Allerdings gibt es durchaus Empfindungen über Typografie. In meiner Studie mussten die Probanden zum Beispiel auch entscheiden, welche von zwei vorgegebenen Schriftarten sie für besser lesbar oder moderner hielten, welche ihrer Ansicht nach besser zu einem bestimmten Thema passe und so weiter. Dabei kam heraus, dass eine Schriftart einfach stimmig sein muss, sie muss zum Thema passen.

Im Sinne der Lesbarkeit kann man bei Typografie also eigentlich wenig falsch machen. Allerdings kann man Leser sehr leicht abschrecken mit unpassender Typografie. Wo Geschichten erzählt werden, sollte man eine freundliche Typografie wählen und nicht unbedingt eine, die konstruiert wirkt und ganz offenkundig am Computer erstellt wurde. Natürlich weiß der Leser, dass diese „freundlichen" Schriftarten auch am Computer entstanden sind, allerdings könnten sie irgendwann einmal von Menschenhand liebevoll gezeichnet worden sein. Sie gehorchen keinen geometrischen Grundformen und erzählen so ein Stück weit ihre eigene Geschichte.

Knapp: Nutzerfreundlichkeit ist ein Begriff, den man vor allem im Zusammenhang mit Webdesign und Interfacedesign hört. Wie lässt sich die Nutzerfreundlichkeit auch im Print-Bereich gewährleisten?

Liebig: Zunächst sollte Text gut portioniert werden. Wenn potenzielle Leser eine Seite aufschlagen, schätzen sie sofort ab, wie viel Arbeit es wäre, den Artikel zu lesen und versuchen zu beurteilen, ob die Arbeit lohnenswert wäre – das ist übrigens auch online so. Das tun Menschen immer, wenn sie ein Medium vor sich haben. Zuerst kommt dabei das sogenannte Skimming: Man schaut kurz drüber und schätzt ab, ob einen der Artikel interessiert. Falls ja, folgt das „Scanning", dabei wird noch mal ein bisschen genauer hingeschaut. Als Redakteur muss man den Lesern das Skimming und Scanning so einfach wie möglich machen. Dafür muss man ihnen schnelle Orientierungsmöglichkeiten bieten. Dies funktioniert mit kurzen, knackigen Schlagworten – angefangen bei den Überschriften. Das geht weiter mit einem maximal fünfzeiligen Vorspann und dann mit kürzeren Textpassagen und knackig kurzen und vor allem aussagekräftigen Zwischenzeilen.

Also: Den Text gut portionieren und einige Fixpunkte anbieten, über die der Leser „gleiten" kann. Allein durch die Zwischenüberschriften kann er überzeugt werden, dass es sich hier um einen spannenden Artikel handelt. Man muss die Menschen in die Lage versetzen, schnell zu erfassen, ob sich der Artikel für sie lohnt.

So geht man ja auch im Online-Journalismus vor. Man sagt „one thought, one paragraph" – also etwa zwei bis drei Sätze pro Absatz und und spätestens alle zwei Absätze eine Zwischenüberschrift.

Knapp: Auf Webseiten gibt es ja mittlerweile auch „Lesedaueranzeigen". Dabei zeigt ein Balken am oberen Bildschirmrand an, wie lange man von dieser Stelle des Artikels noch braucht, um ihn zu Ende zu lesen. Scrollt man runter, wird der Balken kleiner. Das unterstützt ja genau das, wovon Sie gerade sprechen.

Liebig: Ja, genau. Indem man ihm solche Etappen bietet, „verführt" man den Leser ja auch immer wieder zum Weiterlesen. Man vermittelt ihm dadurch: „Wenn du bis hier her gelesen hast, schaffst du doch den nächsten Absatz auch noch" – und das immer wieder.

Knapp: Welche Trends sehen Sie für die kommenden zehn bis zwanzig Jahre im Bereich Corporate Publishing auf uns zukommen?

Liebig: Wenn man bedenkt, was sich in zehn Jahren alles verändern kann, ist das eine sehr schwierige Frage! Man muss sich das mal überlegen: Heute vor zehn Jahren gab es noch kein iPhone. Dieses Gerät war schlicht und ergreifend nicht da. Es ist wahnsinnig, wie Apple unsere Welt damit verändert hat. Damals habe ich das noch gar nicht so wahrgenommen, aber die erste Revolution war das Internet und die zweite das Smartphone, also der Computer zum Mitnehmen. Professor hin oder her – das hätte ich nie gedacht.

Was Corporate Publishing angeht, muss man bedenken, dass die Menschen, die heute noch komplett analog unterwegs sind, irgendwann aussterben werden. Das heißt, der Anteil der Digital User wird weiter wachsen. Somit wird demografisch eine Verschiebung Richtung digital stattfinden. Ich bin mir aber dennoch ziemlich sicher, dass die beiden Arten zu lesen, die ich vorhin beschrieben habe, nämlich das funktionale und das emotionale Lesen, sich immer noch auf verschiedenen Ebenen abspielen werden. Auch weil ich der Meinung bin, dass entspanntes Lesen am Smartphone auch in zwanzig Jahren noch nicht möglich sein wird. Vielleicht macht sich dazu mal jemand schlaue Gedanken. Es wird auch sicherlich ein paar gute Ideen geben, wie man das Leseerlebnis am Bildschirm beziehungsweise am Smartphone-Display verbessern kann. Wobei der Trend wahrscheinlich nicht zum Smartphone geht. Wenn überhaupt setzten sich in dem Bereich vermutlich die Tablets durch. Mit dem Tablet lässt es sich ja schon deutlich entspannter und großzügiger arbeiten. Außerdem hält man es aufgrund seiner Größe ja schon ganz anders in der Hand als ein Smartphone. Allein deshalb fordert es ein höheres Maß an Aufmerksamkeit ein. So bleibt man dann vielleicht auch mal sitzen und liest einen längeren Text auf dem Tablet, sofern man ihn interessant findet.

Vielleicht wird es in zehn Jahren nicht mehr darauf ankommen, ob gedruckt oder digital. Ein entscheidender Faktor könnte die „Abspielgröße" sein. Ich denke nun mal nicht, dass Geschichten auf sechs Zoll erzählbar sind. Vielleicht wird sich das dann ab einer Größe von zehn Zoll einpendeln.

Der Knackpunkt bei der Debatte um Print und Online ist meiner Ansicht nach die Personalisierung. Print-Journalismus bietet nach wie vor die Möglichkeit, auf einen Artikel zu stoßen, der den Leser überrascht. Auch auf Online-Magazinen hat man zwar die Möglichkeit, sich links und rechts umzuschauen. Personalisierte Google-News sorgen aber mit Sicherheit auch dafür, dass spannende Artikel – die vielleicht nicht unbedingt im engeren Interessengebiet liegen – an einem vorbeigehen. Ich habe das immer kritisiert und finde das auch schade. Aber die Facebook-Generation wird sich daran gewöhnen. Das lässt sich wohl nicht ändern.

Knapp: Sie sind kein großer Fan von Facebook.

Liebig: Nein. Ich denke, dass jeder Mensch bis zu einem bestimmten Alter sein „Medienzeitbudget" festlegt. Die Aufteilung dieses Zeitbudgets ändert sich von Generation zu Generation. Ich bin bei Facebook, weil es zu meinem Beruf gehört, darüber informiert zu sein. Meine Studenten tun es, weil sie sich offenbar dafür interessieren.

Aber es ist schon eine spannende Geschichte: Ende der 90er-Jahre, in der Hochzeit der New Economy, haben alle Firmen versucht, eigene Communities aufzubauen. Die sind alle krachend gescheitert. Und dann kam Facebook. Wenn Studierende mich damals danach gefragt haben, habe ich gesagt, dieser Community-Kram funktioniert nicht. Und damit lag ich sowas von daneben. Ich weiß immer noch nicht genau, woran es lag. Vielleicht hängt die Erfolgsgeschichte von Facebook auch mit verbesserten Übertragungsraten zusammen – in den 90ern musste man ja auf ein drei Sekunden langes Video drei Minuten warten, bis es abspielbereit war. Kein Vergleich zu heute. Facebook hat es verstanden, alle guten Features im Internet zur richtigen Zeit miteinander zu verbinden.

Es ist ja auch schon soweit, dass kaum noch jemand die Adresszeile des Browsers nutzt. Das sehen wir auch bei BuerPott [, dem lokalen Online-Magazin von Studierenden der Westfälischen Hochschule unter der Leitung von Martin Liebig, Anm. d. Verf.]: Fast alle Zugriffe kommen von Facebook. Inzwischen wartet man einfach darauf, dass jemand einen Artikel empfiehlt, egal ob über Facebook oder sonst wo.

Knapp: Werden gedruckte Magazine Ihrer Meinung nach irgendwann aussterben?

Liebig: Die Auflagen von Tageszeitungen gehen zwar zurück, jedoch geht zum Beispiel die Auflage der FAZ am Sonntag und der Süddeutschen hoch. Was bei den Leuten nach wie vor zieht, ist zum einen Qualität, aber vor allem Exklusivität. Damit steht und fällt alles. Also werden Blätter wie die WAZ oder der Mannheimer Morgen – diese DPA-Abschreiber – auf Dauer verschwinden. Weil sie einfach keine Käufer mehr finden werden und zwar zu Recht. Damit werden die Auflagenzahlen sinken, wie auch die Werbeeinnahmen.

Momentan sind wir es einfach gewohnt, dass eine Zeitung zwei Euro kostet, auch weil die Verlagsmanager in diesem Zwei-Euro-Modus verweilen. Aber was wäre denn, wenn eine gedruckte Zeitung wie die Süddeutsche im Jahr 2030 sechs Euro kosten würde? Leser solcher Zeitungen werden erstens das Geld haben, sechs Euro zu bezahlen und zweitens werden sie den Preis aufgrund der hohen Qualität vielleicht sogar gern bezahlen. Das heißt, eventuell wird der Preis einfach umgelegt: Die Leserschaft geht möglicherweise auf die Hälfte zurück, während der Preis aufs Doppelte steigt. Damit wären die Einnahmen wieder auf dem selben Level wie vorher.

A2   Experteninterview mit Gernot Speck

Senior-Redakteur bei der PR-Agentur komm.passion in Düsseldorf
– 11. April 2016 –

Knapp: Welchen Bezug haben Sie zum Thema Corporate Publishing?

Speck: Ich bin seit 1998 in der PR tätig und habe seit dieser Zeit unzählige Projekte im Bereich Corporate Publishing umgesetzt, auch auf Basis meines redaktionellen Backrounds: Außerdem arbeitete ich zehn Jahre lang als Journalist. Besonders viele CP-Projekte habe ich im Bereich Reports und Studien verwirklicht, aber auch viel Kunden- und Mitarbeitermagazine waren dabei. Ich war über viele Branchen hinweg tätig – von der Pharmazie bis hin zum Finanzdienstleistungssektor. Darunter waren sowohl print- als auch onlinebasierte Magazine. Zuletzt haben wir für einen Kunden ein rein tabletbasiertes Magazin umgesetzt, was technisch eine große Herausforderung war.

Knapp: Warum war das Tablet-Magazin eine solch große Herausforderung?

Speck: Der Kunde war einer der größten Elektronik-Verbände in Deutschland. Aufgabenstellung des Kunden: „Wie machen wir das Thema Batterien sexy?" Die Zielgruppe war sehr breit gefächert: Es sollten Verbraucher gleichermaßen wie Politiker und Journalisten erreicht werden.

Wir haben dafür ein Tabletmagazin entwickelt, also eine klassische App, die mit Tablets und Smartphones genutzt werden kann. Wichtig war dabei vor allem das, was früher Multimedia hieß, nämlich die Verknüpfung des Magazins mit Videos, Fotos und so weiter. Das heißt, dass die Inhalte auch ganz anders aufbereitet werden mussten als in einem Print-Magazin. Auch die technischen Voraussetzungen sind ganz andere, weil die Restriktionen der Betreiber der App-Stores ziemlich hoch sind. Adobe als Programmhersteller hat zum einen sehr hohe Lizenzgebühren und auch Apple als Betreiber des Apple-Stores kann sich für die Freischaltung einer solchen App sehr viel Zeit lassen.

Unsere erste Version des Tabletmagazins wurde auch abgelehnt. Anschließend haben wir wochenlang auf eine Begründung und Änderungsanweisungen gewartet. Das ist meiner Ansicht nach völlige Willkür. Wenn man allerdings eine gewisse Verbreitung erzielen möchte, ist man gezwungen, diese Stores zu nutzen. Selbst, wenn man nur einen überschaubaren Benutzerkreis erreichen möchte, zum Beispiel den Außendienst eines Unternehmens, muss dies lizenzrechtlich genehmigt werden.

Nachdem es dann doch noch geklappt hatte, haben wir das Tabletmagazin aber letztlich auf Eis legen müssen, weil die Abrufzahlen leider verschwindend gering waren. Das Learning daraus ist: Ohne ein entsprechendes Marketing-Budget, das vielleicht drei bis fünf Mal so hoch ist wie die Produktionskosten, lohnt sich die Entwicklung eines Tablet-Magazins nicht. Alle, die das Magazin gesehen haben, waren begeistert davon, allerdings hat leider kaum jemand überhaupt davon erfahren.

Knapp: Beobachten Sie auf dem Markt, dass das gedruckte Magazin immer mehr zur Seltenheit wird?

Speck: Dass Print tot sein soll, höre ich zwar immer wieder, aber nur von Leuten, die nicht wirklich viel damit zu tun haben. Ich widerspreche dem ganz vehement. Das hängt nicht nur damit zusammen, dass ich aus dem Print-Bereich komme und ein echter Fan davon bin.

Wer liest denn ein gedrucktes Mitarbeitermagazin? Gerade in Unternehmen aus der Industrie, bei Automobilkonzernen zum Beispiel, hat der Großteil der Mitarbeiter keinen Computerarbeitsplatz. Diese Mitarbeiter müssen ein gedrucktes Magazin haben. Außerdem ist die Arbeitszeit ja heutzutage auch so getaktet, dass keiner der Mitarbeiter Zeit hätte, sich drei Stunden hinzusetzten und in Ruhe durch so ein Magazin zu blättern. Das heißt, sie lesen es vielleicht auf dem Weg zur Arbeit oder zu Hause. Am Rande: Ein Mitarbeitermagazin sollte deshalb keine hochbrisanten Informationen beinhalten, denn jedes Mitarbeitermagazin – zumindest bei großen Unternehmen – landet auf dem Schreibtisch der Konkurrenz. Das muss man auch beachten.

Aber wir merken es auch in der Agentur: Die Nachfrage nach gedruckten CP-Produkten ist nach wie vor hoch.

Knapp: Wie ist die Erwartungshaltung der Leser? Wollen sie sich mittlerweile den Kanal aussuchen, auf dem sie Inhalte konsumieren?

Speck: Das ist in der Tat zielgruppenabhängig, aber auch branchenabhängig. Ich habe ja vorhin schon von der Automobilbranche gesprochen, wo viele Mitarbeiter keinen Computer-Arbeitsplatz haben. Wo es gerade zu kippen scheint, sind jüngere Unternehmen. Die Generation der Digital Natives wächst gerade in die Unternehmen rein und irgendwann, noch nicht jetzt, aber in zehn oder 15 Jahren, wird es nur noch digitalaffine Menschen geben. Und ab diesem Zeitpunkt, werden wir uns noch mal ganz anders darüber unterhalten. Dann wird erwartet werden, dass Inhalte auch online abrufbar sind. Print wird dann eine Ergänzung zu Online sein. Im Moment ist das noch umgekehrt.

Print hat einfach im Moment noch, bei einer Generation, die nicht mit Computern aufgewachsen ist, Tradition und ist auch gelernt. Gerade deshalb wollen die Mitarbeiter eines Unternehmens auch etwas in den Händen halten.

Knapp: Wenn ein Unternehmen sowohl ein Print- als auch ein Online-Magazin anbietet, wie sollten die Inhalte dann aufbereitet werden? Sollten exakt dieselben Inhalte verwendet werden?

Speck: Nein, die Inhalte sollten sich ergänzen. Die Inhalte für den anderen Kanal 1 : 1 zu übernehmen, macht in meinen Augen keinen Sinn. Dann würde es ja auch wirklich reichen, einfach ein normales PDF online zu stellen. Beide Kanäle zu nutzen macht dann Sinn, wenn man sie kombiniert, zum Beispiel indem man Print-Artikel online verlängert. Das können beispielsweise Bildstrecken, Video-Interviews oder Zusatzinformationen sein. Das kennt man ja auch aus dem Fernsehen bei Nachrichtensendungen wie dem heute-journal. Es kommt ein kurzer Beitrag und dann wird ein Text eingeblendet: „Mehr Informationen zur Arbeitsmarktpolitik gibt es online...". Die greifen also auch zu diesem Kniff.

Knapp: Wie sieht es denn beim Thema Social Media aus? Muss heutzutage jedes Unternehmen unbedingt zum Beispiel bei Facebook sein?

Speck: Nein. Man muss die Zielgruppe im Blick behalten, genauso wie das Kosten-Nutzen-Verhältnis. Wenn ich beispielsweise die Zielgruppe Geschäftsführer erreichen will, die einmal im Jahr auf eine bestimmte Veranstaltung gehen, ist der Streuverlust über Facebook viel zu hoch. Gerade bei Facebook herrschen ja bei vielen Unternehmen auch noch Vorbehalte, weil es sehr personalintensiv ist. Schließlich braucht man jemanden, der da täglich reinschaut und sich um die Seite kümmert.

Man muss wirklich genau schauen, wo die Zielgruppe zu Hause ist. Das verkennen viele Unternehmen immer noch. Auch wir haben nach wie vor Kunden, die zu uns kommen und meinen, sie müssten jetzt „ins Facebook". Wir fragen dann: Warum? Wen wollt ihr erreichen? Es ist sicher nice to have, aber nicht immer notwendig.

Knapp: Ist die Wahl des Verbreitungskanals vielleicht auch branchenabhängig? Eignet sich zum Beispiel für wissenschaftliche Magazine eine gedruckte Zeitschrift besser als ein Online-Magazin?

Speck: Ich würde es weniger auf die Branche reduzieren, sondern von den Lesern und der Zielgruppe abhängig machen. Zum Beispiel bei neueren Wissenschaften, wie die Kommunikationswissenschaften, die sich mit Social Media beschäftigen, ist die Leserschaft ohnehin onlineaffin und auf diesem Kanal dann auch besser zu erreichen.

Wenn ich jetzt aber an Germanisten oder Historiker denke, kann ich mir nicht vorstellen, dass ein Großteil von denen bei Facebook ist.

Knapp: Online-Magazine lassen sich ja stetig updaten, während beim Print-Magazin nun mal irgendwann Schluss sein muss. Aber spielt der Redaktionsschluss beim Corporate Publishing überhaupt so eine große Rolle?

Speck: Im Print-Bereich spielt der Redaktionsschluss natürlich eine große Rolle. Bei einem Kunden- oder Mitarbeitermagazin versucht man vielleicht mal noch, den Redaktionsschluss um einen Tag nach hinten zu schieben, wenn noch eine besondere Veranstaltung stattfindet. Dann schreibt man den Artikel vor, fügt schon mal Zitate ein, sucht sich schnell drei Bilder aus und dann kann das Ding am nächsten Tag in den Druck. Trotzdem ist die Aktualität hier nicht ganz so wichtig.

Bei Social Media hingegen ist sie sehr wichtig. Nichts ist langweiliger, als fünf Tage nach einer Veranstaltung die Infos auf Facebook zu sehen.

Knapp: Würden Sie sagen, dass die Aufmerksamkeit für Print-Produkte nach wie vor größer ist als die für Online-Magazine?

Speck: Ja, ich sehe, dass die Aufmerksamkeit für Print-Produkte immer noch größer ist. Das hängt aber vor allem damit zusammen, dass wir gezwungen sind, zu reduzieren. Viele machen einfach den Fehler und denken, online stünde unheimlich viel Platz zur Verfügung. Das ist natürlich Blödsinn. Nicht nur ich bin kein Freund davon, drei bis vier mal runterscrollen zu müssen, wenn ich online einen Artikel lese. Für mich gibt es da eine natürliche Platzbeschränkung: Ein bis zwei Mal scrollen und dann muss gut sein – wenn überhaupt. Bei Print haben wir automatisch diese Reduktion. Und deshalb ist da in meinen Augen die Aufmerksamkeit auch höher.

Der zweite Aspekt ist, dass wir heutzutage so viele Mails, Benachrichtigungen und Alerts erhalten – viel mehr als wir Print-Magazine auf den Tisch bekommen. Ich sehe vielleicht einmal am Tag ein Print-Produkt, egal ob Fachmagazin oder Broschüre, aber ich bekomme zehn bis 15 Newsletter und schaue mir vielleicht gerade mal jeden dritten an. Deshalb ist da die Aufmerksamkeit noch höher.

Wichtig ist auch der Aspekt, etwas in den Händen zu halten. Deshalb hat Print ohnehin schon einen höheren Aufmerksamkeitswert. Eine E-Mail ist schnell gelöscht, aber was man auf dem Tisch hat, nimmt man schon mal eher in die Hand und schmeißt es nicht sofort weg. Gerade, wenn es sich um ein hochwertiges Print-Produkt handelt.

*Knapp: Denken Sie, dass das gedruckte Wort noch immer eine größere Glaub-
würdigkeit besitzt als ein Online-Produkt?*

Speck: Ich glaube, das kann man pauschal gar nicht sagen. Das hat meiner Ansicht nach mit dem Medium selbst zu tun. Wenn man sich ein Medium anschaut
wie die Süddeutsche, macht es für mich keinen Unterschied, ob ich einen Artikel
auf Papier oder online lese. Ich weiß ja, dass der gleiche Verlag dahinter steckt.
Bei Spiegel Online ist es dasselbe. Für mich hat das ausschließlich etwas mit der
Glaubwürdigkeit des Mediums zu tun.

Wenn man sich dann Unternehmen anschaut wie VW, die zur Zeit ja ein riesiges
Glaubwürdigkeitsproblem haben, dann ist man als möglicher Kunde bei dem
Print-Magazin genauso vorsichtig wie bei dem, was sie auf ihrer Website erzählen.
Das Medium spielt bei der Glaubwürdigkeit keine Rolle, sondern der Absender.

Knapp: Welche Art von Artikeln kommt beim Publikum besonders gut an?

Wir haben die Erfahrung gemacht, dass auch in Mitarbeitermagazinen die Artikel
ankommen, die gut gemacht sind und die von Menschen handeln. Ein klassisches
Beispiel: Schreibt man über eine neue Maschine oder ein neues Produkt, bringt
es den meisten Mitarbeitern nichts, wenn über eine Seite hinweg die technischen
Merkmale aufgezählt werden. Sondern der Ansatz sollte sein: Was macht eigent-
lich der Mensch, der mit der Maschine arbeitet. Ein Bild muss dabei sein von dem
Menschen, der gerade die Maschine bedient. Der Text muss anfangen mit: „Fritz
Müller, 53, strahlt über das ganze Gesicht. Er bedient gerade die neue Maschine
XY." Technische Infos kann man in Infokästen schieben oder noch besser in Info-
grafiken erklären.

Was also gut ankommt, sind solche Reportagen, aber auch klare Rubriken sind
wichtig. Zum Beispiel „Auf einen Kaffee mit...", „Was macht eigentlich...?" oder
„Ein Tag mit..." sind schöne Erklärstücke. Einen Mitarbeiter den ganzen Tag be-
gleiten: 8 Uhr – was macht er da? Das können dann auch nur Stichworte sein, aber
wichtig ist, dass man das ganze schön mit Fotos illustriert.

Auch ganz verrückte Hobbys der Mitarbeiter kommen super an. Zum Beispiel jemand, der täglich 200 Kilometer mit dem Fahrrad fährt und ganz verrückte Orte besucht. Wir hatten auch mal einen IT-Leiter, der hobbymäßig Insektenforscher ist. Das ist einfach eine schöne Geschichte. Sowas kommt gut an.

Mitarbeiter- und Kundenmagazin sollten genauso einen journalistischen Anspruch haben wie andere Medien. Viele denken, dass sie ausschließlich über den Geschäftsbereich des Unternehmens schreiben dürfen. Dann hat das Ganze aber schnell auch mal eine schlechte Sprache, ein schlechtes Layout, ist leserunfreundlich geschrieben. Natürlich sollen in einem Mitarbeitermagazin Botschaften der Geschäftsführung platziert werden, aber auch dafür gibt es Formate: „Aus der Geschäftsführung", „Vorwort", „Editorial".

Knapp: Was halten Sie von Begriffen wie „Storytelling" und „Content Marketing"?

Speck: Die nerven mich total.

Knapp: Sind das also für Sie nur Buzzwords oder steckt doch mehr dahinter?

Speck: Eigentlich gab es beides ja schon immer, es hieß nur anders. Content Marketing heißt für mich eigentlich nur eine Botschaft oder eine Geschichte, da man für jeden Kanal unterschiedlich erzählt. Es gab auch vor 30 Jahren schon Newsletter. Das hieß damals „Infopost" oder „Infobrief". Dass da eine Geschichte oder eine Information anders aufbereitet wird aus Platzgründen als im Kunden- oder Mitarbeitermagazin, liegt ja auf der Hand. Jetzt sind neue Kanäle dazugekommen und auch neue Kompetenzen oder besser neue Disziplinen, die sich um diese Kanäle drehen. Heute gibt es Spezialisten für die PR, Spezialisten für das Marketing, aber im Prinzip macht heute jeder alles. Die Full-Service-Agentur gibt es durch das Zusammenwachsen der Disziplinen immer häufiger.

Neu ist also nur, dass sich die Disziplinen stärker miteinander vernetzen. Wichtig ist dabei die Einhaltung redaktioneller Standards. Zum Beispiel braucht jede vernünftige Story ein Zitat, eine knackige Überschrift, ein tolles Layout, ein passendes Bild. Und das gilt für alle Kanäle. Bei Facebook funktioniert zum Beispiel auch keine Meldung ohne ein vernünftiges Bild.

Knapp: Sie haben gerade schon die Bedeutung eines passenden Layouts an-
gesprochen. Welche Grundregeln gibt es denn bei der Gestaltung zu beachten?
Gibt es hier Unterschiede zwischen Print und Online?

Speck: Das Layout und eine ansprechende Gestaltung sind sehr wichtig. Diese muss auch zielgruppengerecht sein. Wenn man sich wissenschaftliche Magazine anschaut, sind zum Beispiel oft keine Bilder vorgesehen. Wenn man Glück hat, findet man hin und wieder eine Infografik, aber Bilder sind oft eine Seltenheit. Und es ist fraglich, ob die Zielgruppe das so will, denn kaum jemand ist ein Freund einer Textwüste.

Wichtig ist dabei aber eine authentische Bildsprache, das heißt, dass sie zum Unternehmen passt. Man kann keine teuer eingekauften Hochglanzfotos im Magazin eines mittelständischen Werkzeugherstellers verwenden. Das passt einfach nicht, wenn die anderen Fotos alle mit der Handykamera vom Geschäftsführer selbst aufgenommen wurden.

Wichtig ist auch eine übersichtliche Leseführung. Das heißt, der Leser muss zum Beispiel genau verstehen, wo endet ein Artikel und wo fängt der nächste an. Gibt es vielleicht Zusatzinfos, die als Grafik oder Ähnliches eingebettet werden können? Auch hier ist einfach die Berücksichtigung der Zielgruppe wichtig.

Unterschiede bei Print und Online gibt es schon, es lässt sich nicht alles 1 : 1 übertragen. Es gibt zum Beispiel ganz tolle Infografiken, die nur online funktionieren: Zum Beispiel mit verschiedenen Ebenen, die man anklicken kann. So etwas kann im Print-Bereich nicht funktionieren. Da muss man sich auf einen Aspekt beschränken.

Knapp: Liest das Publikum Ihrer Meinung nach im Print-Magazin auch mit einer
anderen Aufmerksamkeit als am Bildschirm?

Speck: Ja, mit Sicherheit. Für Print-Produkte nehmen sich die Leute auch einfach mehr Zeit. Dazu kommt, dass die Infos im Netz sehr schnelllebig sind. Es gibt ja auch Studien darüber, dass die Verweildauer auf Webseiten im Schnitt 30 Sekunden beträgt, bei einem Print-Produkt ist das deutlich mehr.

Knapp: Welche Rolle spielt dabei eine gute Typografie?

Speck: Ganz wichtig bei Mitarbeiter- oder Kundenmagazinen ist auch die Orientierung am Corporate Design des Unternehmens. Dazu zählt auch die Typografie. Jedes Corporate-Design-Manual bietet die Möglichkeit, den Schrifttyp zu variieren. Aber wenn zum Beispiel Arial nicht vorgesehen ist, sollte man sie auch nicht benutzen.

Manchmal wird noch so eine „Comic-Schrift" verwendet, um total witzig zu sein. Das ist ganz fürchterlich, lässt die Gestaltung unübersichtlich und chaotisch wirken.

Knapp: Was kann man tun, um die Nutzerfreundlichkeit bei Print- als auch bei Online-Produkten zu optimieren?

Speck: Generell sollte das Layout klar und nicht zu bunt sein. Wichtig sind Feedback-Elemente und auch das klassische Gewinnspiel kann wichtig sein. Darüber hinaus eine klare Gliederung und Seitenraster. Und wie gesagt auch die Orientierung am Corporate Design.

Knapp: Inwieweit muss der Inhalt eines Kunden- oder Mitarbeitermagazins auch mit dem Geschäftsbereich eines Unternehmens zu tun haben? Sie kennen sicherlich db mobil, die Kundenzeitschrift der Deutschen Bahn, die hauptsächlich Lifestyle-Themen bearbeitet, die nichts mit dem eigentlichen Geschäftsbereich der Bahn zu tun haben. Warum funktioniert das hier und bei anderen Unternehmen eher nicht?

Speck: Ich glaube nicht, dass das bei anderen Unternehmen nicht funktioniert. Die machen es nur einfach nicht. Die Bahn hat aber auch ein ganz anderes Budget und andere Verbreitungsmöglichkeiten als ein Mittelständler zum Beispiel. Die Bahn hat, glaube ich, täglich 26 Millionen Kunden. Welches andere Unternehmen kommt denn täglich mit 26 Millionen Kunden in Vollkontakt? Die Bahn hat ein solches Produkt und das nutzen sie auch clever. Würde ich auch so machen.

Ich glaube aber, solche Themen würden bei anderen Unternehmen ebenfalls funktionieren. Es wird auch gemacht, aber deutlich sparsamer. Diese Themen tragen zur Lesefreundlichkeit und Unterhaltung bei. Böse gesagt heißt das aber auch, dass man damit Seiten verschenkt, die man eigentlich rund um die Themen des Unternehmens nutzen könnte.

Wir versuchen immer, die Leser auf ein Thema aufmerksam zu machen, ohne in jedem zweiten Satz den Namen des Unternehmens zu nennen. Wir wollen aber, dass sich die Leser mit bestimmten Themen beschäftigen und sich Gedanken dazu machen. Das ist der erste Transfer, den man hinbekommen muss.

Die Bahn treibt es sehr bunt, das ist ja auch okay. Aber in drei Wochen weiß der Leser auch nicht mehr, dass er den Artikel im db Magazin gelesen hat. Einfach, weil der Bezug fehlt. Man könnte diesen aber zum Beispiel durch die Bildsprache herstellen. Bei einem fachfremden Interview – zum Beispiel mit Bastian Schweinsteiger zum Saisonanfang – könnte man ihn in einen Zug setzen. Mit Bildern bleiben Artikel ja auch besser im Kopf.

Knapp: Wenn sich solche unterhaltenden Themen über die von Ihnen beschriebene Verknüpfung, zum Beispiel über die Bildsprache, herstellen lässt, welche Rolle spielen dann firmenspezifische News überhaupt noch?

Speck: Meiner Meinung nach spielen firmenspezifische News nach wie vor eine große Rolle. Wichtig ist aber die Aufbereitung. Wenn ich ein neues Produkt, eine neue Maschine oder einen neuen Motor vorstellen will, dann berichte ich nicht auf drei Seiten über die Vorzüge, sondern bereite das Ganze menschlich auf. Ich berichte über die Mitarbeiter, die das Ding entwickelt haben und nach drei Jahren endlich ihr Baby in Empfang nehmen können, weil der Prototyp in China gefertigt wurde. So muss man berichten. Und die technischen Details finden in einem Infokasten Platz. Ausnahme dabei: Ich mache eine Kunden- oder Mitarbeiterzeitschrift ausschließlich für „nerdige Ingenieure". Da kann man sicherlich auch über fünf Seiten hinweg über die Maschine berichten: Warum die Maschine jetzt drei Zentimeter tiefer ist als vorher und warum das funktioniert. Und dann sind wir wieder soweit: Wir kommen immer wieder zurück auf die Zielgruppe. Die ist entscheidend und nicht der Kanal. Deshalb muss die Zielgruppenanalyse auch unbedingt vor dem Prozess liegen, in dem man entscheidet, welcher Kanal der richtige ist. Das verwechseln einfach Viele.

Knapp: Siemens hat kürzlich die interne und externe Kommunikation zusammengelegt und die gedruckte Mitarbeiterzeitung abgeschafft. Sind wir vielleicht mittlerweile an einem Punkt, an dem das gedruckte Mitarbeitermagazin ziemlich gut durch das Intranet ersetzt werden kann?

Speck: Wenn das Mitarbeitermagazin bei Siemens gestrichen wurde, halte ich das für einen riesigen Fehler. Es geht dabei ja auch um die Identifikation des Mitarbeiters mit dem Unternehmen. Wenn ich als Unternehmen kein Mitarbeitermagazin habe, signalisiere ich den Mitarbeitern gegenüber eine geringere Wertschätzung. Dazu kommt, dass das Mitarbeitermagazin oft das einzige Sprachrohr der Geschäftsführung ist. Durch seine Streichung beraube ich mich ja selbst der Möglichkeit, alle Mitarbeiter zu informieren. Deshalb ist das gedruckte Mitarbeitermagazin auch weiterhin so wichtig.

Außer ich kompensiere das mit anderen Dingen, wie Firmenevents oder einem eigenen Social-Media-Kanal nur für die Mitarbeiter. Stichwort „Interne Social Media". Die sind ja noch in den Kinderschuhen, da gibt es erste Ansätze. Aber es weiß ja noch gar keiner so recht, wie das überhaupt gehen soll. Im Moment ist es ja in vielen Unternehmen noch so, dass man eine Kommentar-Funktion schon als Social Media ansieht...

Es wundert mich auch, dass Facebook das wohl bisher noch nicht so recht erkannt hat. Man kann zwar geschlossene Benutzergruppen bei Facebook anlegen, aber kein Unternehmen wäre so vermessen, die Mitarbeiterkommunikation über Facebook laufen zu lassen. Allein schon aus Datenschutzgründen. Das Unternehmen, das hier eine Lösung findet, kann sehr reich werden.

Aber „Interne Social Media" funktionieren auch eigentlich nur bei Unternehmen, die ausschließlich Mitarbeiter mit PC-Arbeitsplatz beschäftigen. Mitarbeiter in Werkshallen fühlen sich ohne PC ja dann völlig ausgeschlossen.

Knapp: Bei einigen Unternehmen spielt auch der Kostenfaktor eine Rolle, wenn es um die Umstellung von Print auf Digital geht. Wenn ein Online-Magazin gut gemacht ist, kann man dafür doch aber noch viel mehr Geld ausgeben als für ein gedrucktes Magazin, gerade wenn es auch interaktive Inhalte beinhaltet. Welche Rolle spielen denn die Kosten hier tatsächlich?

Speck: Die Kosten sollten dabei nicht im Vordergrund stehen. Das ist meiner Meinung nach ein vorgeschobenes Argument, weil die Druckkosten heutzutage verschwindend gering sind. Wenn man ein gutes Online-Magazin macht, eines, das diesen Namen auch verdient, sind die Kosten tatsächlich viel höher. Allein wenn ich an die Kosten für eine Videoproduktion denke, ist das ja viel teurer als 2.000 Mitarbeitermagazine drucken zu lassen. Der Druck kostet vielleicht 500 Euro, eine Videoproduktion mehrere Tausend. Das ist also nicht wirklich ein Argument.

Was aber eine Rolle spielt, ist, dass in vielen Unternehmen die Budgets gleich geblieben sind, sie aber viel mehr Kanäle zu bedienen haben. Die meisten Kommunikationsabteilungen haben keinen Social-Media-Beauftragten, Online-Redakteur, Grafiker und Video Producer dazu bekommen, sondern verfügen über das gleiche Budget wie vorher. Die können jetzt zusehen, wie sie die vielen neuen Kanäle, die fast stündlich dazu kommen, bedienen.

Knapp: Welche Trends sehen Sie im Bereich Corporate Publishing für die nächsten zehn bis zwanzig Jahre?

Speck: Die Verknüpfung von Print und Online wird noch stärker werden. Print wird zwar nicht sterben, aber sich wandeln vom Leitmedium hin zu einem Medium neben vielen anderen. Es wird die Zeit kommen, in der nicht mehr Print das ausschlaggebende Medium ist, sondern Artikel erst mal online gedacht werden und im zweiten Schritt erst Print folgt.

Knapp: Wie stark sollten sich Unternehmen im CP-Bereich an solchen Trends orientieren?

Speck: Hier ist auch die Zielgruppe wieder das Entscheidende. Will ich Mitarbeiter, Kunden, Journalisten, Politiker oder Shareholder ansprechen? Wir haben zum

Beispiel für einen Verband einen Newsletter gemacht, der sich ausschließlich an Parlamentarier gerichtet hat. Das haben die ausschließlich als PDF bekommen. Und ich weiß aus sicherer Quelle, dass sich die Parlamentarier, beziehungsweise deren Assistenten, das PDF ausgedruckt und das dann im Zug gelesen haben. Wenn die technischen Möglichkeiten nicht gegeben sind, so etwas online im Zug zu lesen, ist Print das einzig mögliche Medium. In China funktioniert das ja wunderbar, aber Deutschland hinkt da technisch gesehen einfach 20 Jahre hinterher.

Wenn ich Shareholder ansprechen möchte, würde ich auch auf ein Hochglanz-Print-Magazin setzen. Allerdings gab es jetzt eine neue Untersuchung von news aktuell zum Recherche-Verhalten von Journalisten. Diese besagt, dass 86 Prozent mittlerweile über Social Media recherchieren. Ich glaube aber, dass da größtenteils keine Journalisten von Tageszeitungen befragt wurden. Eher Fachjournalisten, beziehungsweise jüngere Journalisten.

Knapp: Da stellt sich ja auch die Frage, wie Recherche definiert ist. Wenn Recherche heißt, „ich schau nebenbei, welche Meldungen bei Twitter reinflattern", denke ich schon, dass das mit 86 Prozent hinkommt.

Speck: Das stimmt natürlich.

Knapp: Nach unserem bisherigen Gespräch kann ich mir Ihre Antwort auf diese Frage schon denken: Wird Print irgendwann aussterben?

Speck: Kurz und knapp: Nein. Never ever. Und falls doch, hoffe ich, dass ich es nicht mehr erlebe. Ich kann mir ein komplettes Aussterben aber auch wirklich nicht vorstellen. Einzelne Print-Zeitungen sind zwar schon gestorben, das hat jedoch mit dem gestiegenen Kostendruck zu tun. Das sind nicht nur Druckkosten, sondern auch Personalkosten, Mieten und so weiter.

Wie gesagt, die Bedeutung von Print-Produkten wird sinken, Print wird nicht mehr das Leitmedium sein. Das sieht man auch schon bei den klassischen Medien. Wie genial die SZ die Panama Papers online aufbereitet hat mit diesen sehr umfassenden Infografiken, die man gedruckt gar nicht so darstellen kann, ist einfach großartig. Aber dass Print komplett aussterben wird, kann und will ich mir nicht vorstellen.

A3 Experteninterview mit der Abteilung „Interne Kommunikation" der Wüstenrot & Württembergische (W&W) AG

Maria Dicker, Ulrike Scholz und Taida Hasecic
– 16. März 2016 –

Knapp: Bitte stellen Sie sich jeweils kurz vor und erzählen Sie von Ihrer beruflichen Erfahrung im Bereich Corporate Publishing.

Dicker: Ich bin seit 1991 im W&W-Konzern durchgängig in der internen Kommunikation tätig. Größtenteils beschäftige ich mich mit dem Intranet und der Mitarbeiterzeitschrift.

Scholz: Für Wüstenrot & Württembergische arbeite ich seit 2008, ebenfalls in der internen Kommunikation. Zuvor war ich 15 Jahre bei verschiedenen Agenturen und habe dort sowohl die interne als auch die externe Kommunikation kennengelernt. Die Mitarbeiterzeitschrift war klassischerweise immer das langsam drehende, nachhaltige, aufbauende Instrument, das man gerne mit den schnell drehenden, elektronischen Medien – als sie dann aufgekommen sind – kombiniert hat. Aber ich glaube, von dieser Sichtweise müssen wir angesichts wegfallender Budgets für den Druck von Mitarbeiterzeitschriften wegkommen.

Hasecic: Ich bin seit knapp einem Jahr Volontärin in der Kommunikationsabteilung der Wüstenrot & Württembergische AG. Das erste und auch spannendste Projekt, das ich im Bereich CP machen durfte, war der EINBLICK ONLINE [, die Online-Ausgabe der gedruckten Mitarbeiterzeitschrift der W&W AG, Anm. d. Verf.].

Knapp: Sie sind ja mit dem Mitarbeitermagazin von W&W, dem EINBLICK, weg vom gedruckten Magazin, hin zu einer reinen Online-Publikation gegangen. Welche Gründe gab es für die Entscheidung, „nur" noch ein Online-Magazin anzubieten?

Dicker: Für uns war vor allem die moderne Optik ausschlaggebend. Verlinkungen auf weiterführende Inhalte oder Bildergalerien lassen sich problemlos einbinden. Außerdem lässt sich ein Online-Magazin schneller und auch kostengünstiger produzieren.

Knapp: In welcher Form ist der EINBLICK mittlerweile verfügbar?

Dicker: Nachdem die Druckausgabe eingestellt wurde, gab es zunächst ein online verfügbares PDF für zwei Ausgaben, das wir auch selbst gestaltet haben. Dafür haben wir uns sogar in [das professionelle Layout- und Satzprogramm Adobe, Anm. d. Verf.] InDesign eingearbeitet. Danach hat Frau Hasecic die erste Online-Ausgabe produziert. Diese ist letztes Jahr erschienen.

Knapp: Welchen Aufbau hatte diese Online-Ausgabe im Gegensatz zum PDF?

Hasecic: Wir haben gemeinsam mit der IT eine webbasierte Lösung erarbeitet und mithilfe des CMS Joomla umgesetzt. Das Online-Magazin wurde dann als Link im Intranet eingebunden, der zu einer eigenständigen Magazin-Seite führte. Das war für uns die einfachste und schnellste Lösung.

Knapp: Warum befürchten Sie nun, es könnte keine weitere Ausgabe des EIN-BLICK mehr geben, nachdem Sie sich bereits in die neuen Tools eingearbeitet haben?

Dicker: Um uns von den anderen Inhalten im Intranet abzugrenzen, wo ja vorwiegend aktuelle und eher kurze Meldungen, aber auch mal längere Hintergrundberichte zum Konzerngeschehen veröffentlicht werden, soll der EINBLICK ONLINE schwerpunktbasiert gestaltet werden. Bei den ersten beiden Online-Ausgaben haben wir die Schwerpunkte auf die Themen „Bauen" und „Digitalisierung" gesetzt und in der neuesten Ausgabe ging es um die „Generation Y". Dabei haben wir festgestellt, dass das Interesse bei den Lesern mit der Zeit stark nachgelassen hat. Sie werden ja auch mit Informationen über das Unternehmen im Intranet überschüttet, da war vermutlich vielen der zusätzliche Klick und vor allem der damit verbundene Zeitaufwand für den EINBLICK ONLINE den meisten Lesern zu viel.

Scholz: Das spricht sehr dafür, dass das klassische gedruckte Medium als völlig anderer Kanal nach wie vor seine Daseinsberechtigung hat – weil man es einfach auch anders konsumiert.

Knapp: Sie würden es also schon so sehen, dass Print-Produkte eine höhere Aufmerksamkeit genießen?

Dicker: Ja, auf jeden Fall. Das sieht man auch bei anderen Unternehmen, die auch weiterhin mit gedruckten Medien arbeiten.

Das Problem bei unseren Online-Ausgaben ist auch, dass man sie nicht mit nach Hause nehmen kann. Sie sind ja nur über den geschützten Bereich des Intranets verfügbar, auf das man am Heimcomputer keinen Zugriff hat. Auch wenn man es zum Beispiel unterwegs lesen möchte, muss man es sich vorher ausdrucken.

Knapp: Daraus schließe ich, dass Sie nicht wirklich glücklich über die Entscheidung sind, den EINBLICK nicht mehr in gedruckter Form zu produzieren. Wenn die Kosten keine Rolle spielten, wäre das Print-Magazin für Sie dann nach wie vor die erste Wahl?

Scholz: Ja. Ein gedrucktes Magazin macht die Mitarbeiter ja auch stolz. Sie können es mit nach Hause nehmen und der Familie, den Nachbarn und im Freundeskreis zeigen... Das hat schon eine ganz andere Qualität.

Dicker: Das bedeutet ja auch ein Stück Wertschätzung.

Knapp: Gab es mit der Umstellung von der Print- zur Online-Version des EIN-BLICK noch weitere inhaltliche Veränderungen abgesehen von den Schwerpunktthemen?

Dicker: Wir haben dann schon auch die etablierten Rubriken und Artikelformate beibehalten, aber auf den jeweiligen Schwerpunkt abgestimmt. Der größte Teil der Mitarbeiterkommunikation spielt sich jetzt aber mittlerweile bei uns im Intranet ab.

Knapp: Wie ist denn das Intranet bei W&W aufgebaut? Es gibt ja im Konzern eine Vielzahl unterschiedlicher Anspruchsgruppen, für die jeweils auch unterschiedliche Informationen relevant sind.

Dicker: Es gibt das Konzernintranet für den gesamten Innendienst, dann gibt es für die Außendienstler zwei Portale, eins für die Makler, eines für die IT. Dann haben die Abteilungen auch die Möglichkeit, ihre Startseite zu individualisieren. Zudem kann jeder einzelne Mitarbeiter sich eine personalisierte Startseite einrichten.

Knapp: Gerne möchte ich jetzt auf das Thema Corporate Publishing im Allgemeinen kommen. Es gibt für den Begriff „Online-Magazin" eine Vielzahl an Definitionen, aber keine, die allgemein gültig ist. Um zu definieren, worüber wir heute genau sprechen, möchte ich Sie bitten, die Eigenschaften zu nennen, die für Sie ein Online-Magazin ausmachen.

Dicker: Ein online verfügbares PDF ist noch lange kein Online-Magazin, wobei dieses ja auch interaktive Elemente enthalten kann, das lässt sich im PDF ja alles machen. Für mich ist ein Online-Magazin webbasiert, also mit HTML entstanden.

Hasecic: So sehe ich das auch. Wenn eine Publikation nicht gedruckt ist, aber auch nicht in HTML erstellt, ist es ein digitales Magazin, aber kein Online-Magazin. Darüber hinaus muss ein Online-Magazin auch mobil verfügbar sein und auf allen Endgeräten funktionieren.

Knapp: War denn der EINBLICK ONLINE mobil verfügbar?

Hasecic: Eigentlich ja. Allerdings können Mitarbeiter außerhalb des Firmennetzwerks nicht auf das Intranet zugreifen. Also ist das Lesen der Inhalte auf mobilen Geräten – zumindest von unterwegs – auch nicht möglich. Wer aber zum Beispiel sein Tablet im Firmennetzwerk nutzt, liest den EINBLICK ONLINE in optimierter Darstellung.

Dicker: Genau, zu Hause lässt sich auf das Intranet auch nur dann zugreifen, wenn die Mitarbeiter einen Home-Office-Arbeitsplatz haben.

Knapp: Wie sieht es bei Ihren Wettbewerbern in der Branche aus? Viele Unternehmen bieten mittlerweile auch desktop- und mobiloptimierte Publikationen an. Beobachten Sie, dass das gedruckte Magazin auch bei anderen in der Branche immer mehr zu Seltenheit wird?

Dicker: Nicht gravierend weniger.

Scholz: Ich denke, wir sind zwar nicht die einzigen, die aus Kostengründen ein Print-Magazin einstellen mussten, aber die, die es können, bleiben aus guten Gründen dabei.

Knapp: Welche Gründe sind das für Sie?

Scholz: Wie vorhin schon erwähnt, wollen die Mitarbeiter einfach etwas in der Hand halten, etwas zum Zeigen und auch Weitergeben. Sie haben sich durch das gedruckte Magazin wertgeschätzt gefühlt. Die Zielgruppe der Pensionäre, die ja auch Kunden, Empfehler und Influencer sind, waren, denke ich, mit am enttäuschtesten über die Einstellung des Magazins. Es war für sie ihr Draht zum alten Arbeitgeber. Damit hat man schon viel aufgegeben.

Dicker: Ich treffe auch immer wieder Ehepartner von Angestellten, die das Magazin gelesen haben und fragen, warum es das jetzt nicht mehr gibt. Für die Kinder ist es ja zum Beispiel auch interessant, wo die Eltern arbeiten. Es hat also deutlich mehr Leser erreicht, als nur die tatsächlichen Angestellten.

Scholz: Genau. Das Magazin brachten Kinder auch gern mal in die Schule mit, wenn es um Berufe ging.

Knapp: Die Entwicklung hin zum Online-Magazin hängt natürlich auch von der Digitalisierung im Allgemeinen und den technischen Möglichkeiten ab. Beobachten Sie, dass Leser mittlerweile auch erwarten, dass Inhalte auf verschiedenen Kanälen verfügbar sind, sie sich also den Kanal aussuchen wollen, auf dem sie Inhalte konsumieren?

Dicker: Ja, unbedingt. Online ist halt einfach schneller.

Scholz: Und jederzeit verfügbar. Du stehst an der Bushaltestelle, hast Zeit, langweilst dich – und fängst an zu klicken.

Knapp: Würden Sie denn auch sagen, dass es bestimmte Branchen oder bestimmte Unternehmen gibt, wo ein Online-Magazin sinnvoller ist als ein Print-Magazin oder umgekehrt?

Scholz: Ich würde es nicht von der Branche abhängig sehen, sondern vom Kommunikationsziel. Wie schnell oder wie nachhaltig will ich etwas erreichen?

Dicker: Ich könnte mir es zum Beispiel bei großen Handelsunternehmen wie dem Drogeriemarkt dm schon vorstellen, dass sie dauerhaft etwas Gedrucktes haben. Die wenigsten Mitarbeiter haben dort einen PC. Dasselbe gilt für die Automobilbranche: Die Bandarbeiter bei Daimler zum Beispiel kommen mit Computern während ihrer Arbeitszeit selten in Berührung. Selbst wenn es Computer-Terminals gibt, ist es für die Mitarbeiter recht unkomfortabel, hier in ihrer Pause die Unternehmens-News abzufragen.

Es kommt bei der Frage, ob Online- oder Print-Magazin, also auch sehr auf die Arbeitsweise der Angestellten an und wie stark das Unternehmen digitalisiert ist.

Knapp: Also gibt es nicht „den einen" Kanal. Welche Strategie eignet sich denn beispielsweise für ein wissenschaftliches Magazin im Gegensatz zu einem Lifestyle-Magazin?

Scholz: Bei Lifestyle-Magazinen ist vor allem ein schönes Layout wichtig. Da geht es viel um tolle Kleider, schöne Menschen und Stars – ob das nicht in gedruckter Version mehr Spaß macht? Natürlich gibt es im Internet dann entsprechende Bildergalerien, aber da schaue ich mir schon lieber ein großformatiges Print-Magazin an, Gala, Bunte oder Ähnliches.

Dicker: Was liest man denn auch beim Arzt? Es kommt ja auch immer darauf an, wo und wann man solche Inhalte konsumiert.

Scholz: Aber auch Wissenschaftsmagazine müssen sich auch mal hinterfragen. Es gibt da ja auch wirklich Themen, die für Nicht-Wissenschaftler interessant sind. Aber mich schrecken diese viel zu dicken Bände und Textfriedhöfe einfach ab. Das ist meiner Meinung nach schon ein zu überprüfender Anspruch an sich selbst. Warum müssen das immer riesige Druckwerke sein, wo eine Ausgabe 50 Euro kostet? Aber hier kommt es wie immer darauf an, was man erreichen möchte. Will ich mit meiner Lesergemeinde irgendwie in Kontakt kommen? Dann war das bisher vermutlich nicht der richtige Weg. Wissenschaftliche Magazine erwecken eher immer den Eindruck, dass sie ihre Leser lieber auf Abstand halten und keine Rückfragen zulassen möchten. Aber wenn das nicht der Anspruch bleiben soll, sollte man sich schon fragen, ob man nicht manche Dinge lieber ins Netz bringt. Feedback zu geben ist hier deutlich einfacher, vor allem, wenn es eine Kommentarfunktion unter Artikeln gibt.

Dicker: Es wäre auch sinnvoll, die Inhalte einfach anders aufzubereiten. Zum Beispiel einen kurzen, zusammenfassenden Text im Print-Magazin für oberflächliche Leser und wer mehr erfahren möchte, kann online weiterlesen, diesen Artikel womöglich auch kommentieren und Fragen dazu stellen.

Knapp: Dabei kann man dann auch unterschiedliche Gruppen erreichen: Zum einen die fachlich nicht ganz so versierte, aber interessierte Leserschaft und zum anderen die echten Fachmänner und -frauen, die bei dem Thema auch mitreden können und wollen.

Scholz: Ganz genau. Psychologie heute macht das ja zum Beispiel vor. Die haben eigene Publikationen für die interessierten Leser, die aber nicht zur Fachschaft gehören. Man muss sich wie gesagt einfach immer fragen, was man mit einem Magazin erreichen möchte.

Knapp: Ist es aus Ihrer Sicht sinnvoll, sowohl ein Online-Magazin als auch ein Print-Magazin anzubieten? Sollten die Inhalte dann exakt dieselben sein oder sich lieber ergänzen?

Dicker: Ich denke, es können schon dieselben Inhalte sein, wobei man dann Online zum Beispiel noch zusätzlich Features anbieten sollte, wie weiterführende Links zu dem Thema, mehr Bilder oder vielleicht auch mal ein Video.

Scholz: Man muss wirklich die Charakteristika der verschiedenen Kanäle ausnutzen. Was passt in ein Magazin, das weitergegeben wird? Welche Inhalte sind passend, wenn sie online schnell konsumiert werden? Wenn man genug Ressourcen hat, kann man viel dergleichen machen. Ich stelle es mir sehr spannend vor, dasselbe Thema einmal für Print und einmal für Online aufzubereiten. Da hat man dann wirklich die oft beschworene 360°-Sicht auf die Dinge. Aber das ist eine Kostenfrage.

Dicker: Was ich bei Online-Medien schade finde ist, dass alles so standardisiert wirkt. Hier ein Bild, darunter die Bildunterschrift, daneben der Text. Das ist eigentlich immer das gleiche und das ist auf Dauer schon langweilig. Die Internetseiten heutzutage sehen heute ja auch alle irgendwie ähnlich aus, vor allem ja auch deshalb, damit sie gleichzeitig auch auf dem Smartphone funktionieren.

Scholz: Klar. Der künstlerische und grafische Anspruch nimmt schon ab.

Knapp: Welche Rolle spielt Ihrer Meinung nach die Aktualität bei CP-Produkten? Bei Online-Magazinen besteht ja nun mal der Vorteil, dass sie sich stetig updaten und aktuell halten lassen. Ist das im CP-Bereich aber überhaupt notwendig?

Dicker: Ein Mitarbeitermagazin zum Beispiel muss nicht immer brandaktuell sein. Dafür gibt es andere Möglichkeiten, wie das Intranet. Deshalb grenzt man sich auch themenmäßig ab und konzentriert sich im Magazin eher auf die Hintergrundberichte, die auch Transparenz schaffen. Die schnellen, aktuellen Meldungen gehören da eigentlich nicht rein.

Scholz: Die interessantesten Dinge aus der Sicht unserer Leser sind die, die ganz schnell und aktuell sind, aber gleichzeitig auch solche, die zeitunkritisch sind, bei denen man sich die Mühe macht, mal die Hintergründe zu beleuchten. Was ich aber immer ganz schlimm finde sind die Begriffe „dieser Tage" und „unlängst". Sprich etwas, das schon längst hätte veröffentlicht werden sollen, aber verschleppt wurde. Deswegen sollten solche Meldungen gleich rausgehen, oder man muss sich die Mühe machen, das Ganze ordentlich aufzubereiten.

Knapp: Lange haben sich Print-Produkte, speziell auch Tageszeitungen, auf ihre Seriosität und Glaubwürdigkeit berufen, mit der sie sich von Online-Medien abzugrenzen versuchten. Würden Sie sagen, Print-Produkte sind in den Augen der Leser nach wie vor glaubwürdiger als Online-Medien?

Dicker: Das kann ich mir inzwischen nicht mehr vorstellen. Viele vertrauen mittlerweile sogar eher den Meinungen im Netz, weil diese, zum Beispiel bei Kaufempfehlungen, unabhängiger sind.

Scholz: Ja, das war früher mal so, dass die Tageszeitung mehr Gewicht hatte. Ich denke, mittlerweile lebt jeder so sehr in seiner Google-Filterblase, dass man das so nicht mehr sagen kann.

Knapp: Also hat da schon eine Verschiebung der Glaubwürdigkeit stattgefunden.

Scholz: Ja. Empfehlungen im Netz sind ja mittlerweile auch für Kaufentscheidungen das A und O. Das Schwierige dabei ist nur die besagte Filterblase. Wer sich im Netz für etwas Bestimmtes interessiert, bekommt ja immer wieder nur solche Informationen angespült, die die eigenen Interessen spiegeln. Deswegen glaubt ja auch jeder AfDler, seine Welt wäre die allgemein gültige.

Knapp: Sind die Leser mit dem Zuwachs der Kanäle auch inhaltlich verwöhnter geworden? Welche Artikel kommen beim Publikum heute besonders gut an?

Dicker: Vor allem Menschen interessieren die Menschen. Dabei wollen sie aber keine zu langen Artikel mehr lesen. Kurz und knapp sollen die Meldungen sein, deshalb ist zum Beispiel auch Twitter so erfolgreich.

Scholz: Ich denke, es kommt darauf an. Manche Leser wollen kleine, bunte Sensationshäppchen vorgesetzt bekommen. Andere möchten lieber wieder mehr investigativen Journalismus.

Hasecic: Ich denke jetzt gerade an unser Intranet. Dort werden vor allem die Inhalte oft geklickt, die die Mitarbeiter direkt betreffen, wie Unternehmensmeldungen zur Strategie oder andere Entscheidungen der Konzernführung.

Dicker: Das stimmt. Gleichzeitig interessieren sich die Mitarbeiter aber komischerweise wenig für neue oder ausgezeichnete Produkte.

Knapp: Und welche Artikel kommen in einem Kundenmagazin gut an?

Dicker: Bei Mein EigenHeim [, dem Kundenmagazin der Wüstenrot Bausparkasse, Anm. d. Verf.] kommen zum Beispiel die Vorher-Nachher-Artikel gut an. Genauso wie Rezepte, Kreuzwort- und Sudoku-Rätsel.

Scholz: Ja, und auch die verschiedenen Tipps und Ratgeber zum Thema Wohnen werden gerne gelesen. Das Thema Finanzierung, über das Mein EigenHeim ja vorwiegend informieren will, ist für die meisten Leser nur dann interessant, wenn ein Hausbau, Kauf oder eine Sanierung ansteht. Ich lese zum Beispiel auch gern, wie ich das Wohnzimmer am besten streiche oder was ich bei der Raumaufteilung beachten muss. Demnach sind Artikel mit praktischem Nutzwert für die Leser am spannendsten.

Aber dabei kommt es auch immer auf das jeweilige Produkt an. Bei einem Magazin über einen Reitstall zum Beispiel kann man interessante Geschichten, etwa über Mensch, Pferd und gemeinsame Abenteuer, schreiben. Wer über Putzmittel schreibt, ist da schon eingeschränkter.

Knapp: Ist das wirklich so? Sie kennen ja bestimmt db mobil, die Kundenzeit-schrift der Deutschen Bahn. Hier bieten sich allerhand Reiseberichte an, es werden aber auch völlig fachfremde Themen bearbeitet, vor allem aus dem Lifestyle-Bereich. Warum funktioniert das für die Deutsche Bahn und für andere Unternehmen vielleicht nicht?

Dicker: Das passt einfach an der Stelle. Die Deutsche Bahn kann Reiseberichte und Buchvorstellungen veröffentlichen, weil das genau die Dinge sind, die man während der Zugfahrt macht: Man ist auf Reisen, schaut sich die Gegend an und liest vielleicht auch ein Buch.

Knapp: Wie weit dürfen Themen in Kunden- oder auch Mitarbeitermagazinen vom eigentlichen Geschäftsbereich des Unternehmens abweichen?

Scholz: Vielleicht bringt es diese Frage auf den Punkt. Man muss – auch als Putz-mittelhersteller – in der Lage sein, die Fantasie des Lesers zu entfachen. Es ist schwieriger, Putzmittel zu umschreiben als über tolle Reisen zu berichten, aber da ist dann Kreativität gefragt. Es sollte aber auch nicht an den Haaren herbeigezogen sein – das ist ein ganz schmaler Grad.

Knapp: Wie wichtig ist heutzutage noch die Unterscheidung zwischen Kundenma-gazin und Mitarbeitermagazin? Siemens hat zum Beispiel die interne und externe Kommunikation zusammengelegt. Ist es nicht sinnvoll, die Mitarbeiter über Firmeninterna in einem geschützten Bereich wie dem Intranet zu informieren und sie in einem „allgemeinen" Magazin, das auch für Kunden geeignet ist, über das Unternehmen auf dem Laufenden zu halten?

Dicker: Wenn das Kundenmagazin gut gemacht ist und den Mitarbeitern zur Ver-fügung gestellt wird, braucht es eigentlich kein eigenes Mitarbeitermagazin. Ich kann auch dort Produkte präsentieren, Mitarbeiter oder auch Kunden vorstellen. Wenn es ergänzende Informationen dazu gibt, die nur für Mitarbeiteraugen ge-eignet sind, können diese im Intranet aufbereitet werden.

Scholz: Da stimme ich zu 100 Prozent zu. Wenn die Individualisierung über den elektronischen Weg erfolgt, kann ein gut gemachtes Magazin sicher mehr bewirken, als zwei mittelgut gemachte.

Knapp: Die Ausgaben für CP im digitalen Bereich sind schon jetzt höher als die Ausgaben im Print-Bereich. Es ist also nicht per se der Fall, dass ein Online-Magazin weniger Kosten verursacht, als ein Print-Magazin. Das kann durch multimediale Inhalte, wie Videos oder interaktive Grafiken auch ins Gegenteil umschlagen. Sollten die Kosten wirklich der ausschlaggebende Faktor bei der Entscheidung über Online- oder Print-Magazin sein?

Dicker: Nein, natürlich nicht. Man muss den Leuten etwas bieten und das sollte auch gut gemacht sein. Deshalb dürfen die Kosten nicht im Vordergrund stehen.

Scholz: Kosten sind, wenn man unter Ergebnisdruck steht, immer die Schraube, an der sich am schnellsten drehen lässt. Auch die externen Berater schauen immer, wo man am schnellsten das Kreuzchen machen kann. Da eignen sich die gedruckten Sachen, durch die – zumindest kurzfristig – kein Umsatz verloren geht.

Was man dabei aber mittel- oder langfristig an Mitarbeiter- oder Kundenbindung einbüßt, auch die fehlenden Empfehlungen und Meinungsbildungsprozesse, ist die andere Sache. Aber bis dahin ist meistens das Mandat des externen Beraters längst ausgelaufen, insofern hat er seinen Zweck erfüllt.

Grundsätzlich gilt ja der Spruch: „Wer arm ist, muss besonders fleißig sein." Wenn man also aufgrund des Kostendrucks keine schönen Medien produzieren kann, wird man wieder auf altbewährte Mittel zurückgreifen. Das bedeutet, dass die Führungskräfte ihrer Führungsaufgabe Kommunikation wirklich gut nachkommen müssen. Sprich, sie haben deutlich mehr Arbeit zu tun als vorher. Man kann nicht einfach CP-Produkte, egal ob gedruckt oder digital, streichen und die Kommunikationsaufgabe vernachlässigen. Irgendwer wird die Kommunikationsleistung bringen müssen, wenn Leute motiviert, informiert und so weiter sein sollen.

Knapp: Wie sinnvoll ist es als Unternehmen, sich an digitalen Trends zu orientieren? Denken Sie dabei zum Beispiel an die Anfänge von Facebook, als die meisten Unternehmen Social Media noch skeptisch gegenüberstanden. Muss man bei jedem neuen Trend dabei sein oder lohnt es sich eher abzuwarten?

Dicker: Nein, man sollte erst mal nachdenken, wie man die Dinge für sich nutzen kann. Man kann sich nicht verschließen, aber man muss auch nicht der Erste sein, vor allem, wenn es eigentlich nicht zum Unternehmen passt.

Scholz: Denke ich auch. Es ist eine Kosten-Nutzen-Frage. Wir sind jetzt zum Beispiel Sponsor der Electronic Sports League im Bereich E-Gaming. Da dachte ich auch erst, das passt doch überhaupt nicht zu Wüstenrot. Aber gut, wir haben das Sponsorship relativ günstig bekommen und da ist der Tausendkontaktpreis einfach lohnend. Das ist mal eine Startinvestition, die man sich gut anschauen muss. Aber man muss da schon nüchtern rangehen.

Knapp: In dem Fall ist natürlich auch wieder die Zielgruppe ausschlaggebend.

Scholz: Ja, bei wem man landen will und was derjenige für Kanäle vorgibt.

Knapp: Welche Trends sehen Sie im CP-Bereich für die kommenden zehn bis zwanzig Jahre?

Scholz: Ich kann mir vorstellen, dass Papier irgendwann als bewusst anderes Medium eingesetzt wird, also auch als Überraschung. Es wird vermutlich keine regelmäßigen gedruckten Publikationen mehr geben, aber zu bestimmten Anlässen, wie Firmenjubiläen oder großen Produkteinführungen lohnt sich das sicherlich weiterhin.

Dicker: Man muss auch sehen, dass in Zukunft die Haushalte digital besser ausgestattet sein werden. Heute haben von 10.000 Rentnern vielleicht 2.000 eine E-Mail-Adresse, aber in Zukunft werden sicher alle Haushalte einen internetfähigen Computern zur Verfügung haben. Dann sind erst die Möglichkeiten gegeben, dass sie Magazine auch elektronisch bekommen können.

Knapp: Werden gedruckte Magazine Ihrer Meinung nach irgendwann aussterben?

Hasecic: Ich kann mir schon vorstellen, dass Print-Magazine auf lange Sicht nicht mehr existieren. Vielleicht nicht in den nächsten zehn Jahren, aber danach. Schließlich müssen auch andere Unternehmen an der Kostenschraube drehen. Und vor dem Hintergrund der Digitalisierung wird irgendwann alles online stattfinden, vielleicht auch in der Form eines Social Enterprise Networks.

Knapp: Also hat das auch mit demografischen Faktoren zu tun? Schließlich kommen jetzt nur noch Digital Natives nach und die, die es nicht sind, wird es irgendwann nicht mehr geben.

Hasecic: Ja genau. Ich könnte es mir sogar vorstellen, dass es irgendwann auch keine Bücher mehr gibt. Also gar nichts mehr Gedrucktes.

Dicker: Das kann ich mir überhaupt nicht vorstellen. Ein gedrucktes Buch oder ein Magazin ist ja auch ein Luxusgut. Die Zahl der gedruckten Produkte wird vielleicht zurückgehen, aber ich denke nicht, dass sie ganz verschwinden. Bestimmt werden die Drucksachen aber mit der Zeit hochwertiger, also tolles Papier und toll gestaltet, eben weil sie ein Luxusprodukt werden.

Scholz: Als anlassbezogene Nischenprodukte wird Print auf jeden Fall bestehen bleiben. Dabei muss man vielleicht auch an ganz neue Formate denken, zum Beispiel faltbar, mit Kunstcharakter oder so. Man kann ja auch nicht nur Papier bedrucken. Vielleicht geht das dann schon in Richtung Give-Aways mit einem bleibenden Wert, das nicht in die Altpapiertonne passt. Wir überlegen auch ständig, wie wir Informationen aus dem Einheitsbrei des Intranets hervorheben. Dann geht mir schon auch oft durch den Kopf, ob man nicht mal wieder irgendwo ein Plakat hinhängen könnte. Wenn man schnell Aufmerksamkeit braucht, hängt man es zum Beispiel an die Stempeluhr neben dem Aufzug oder neben die Speisekarte in der Kantine. Also sollte man auch die Klassiker nicht außer Acht lassen. Ich sehe hier auch oft genug Leute, die am Schwarzen Brett stehen. Das sind keine innovativen, sondern im Gegenteil traditionelle Medien. Es kann sein, dass diese mit ihren Nutzern aussterben.

Bereits in der Steinbeis-Edition erschienen:

In unserer reizüberflutenden Welt sind wir täglich von unzähligen Werbebotschaften und -versprechen umgeben. Visuelle Unternehmens- und Produktlogos sollen dabei helfen, uns im Markendschungel zurecht zu finden. Oft gesehene Logos bekannter Marken erkennen wir wieder und assoziieren mit ihnen bestimmte Erfahrungen und Werte. Am liebsten konsumieren wir Produkte von jenen Unternehmen, denen wir vertrauen.

Auch weil das Logo als Herzstück des visuellen Erscheinungsbildes einer Organisation gilt, gibt es bei seiner Entwicklung viele Faktoren zu beachten. Der erste Teil dieser Arbeit stellt daher einen detaillierten Kriterienkatalog bereit, den die Autorin mithilfe von Fachliteratur und mehreren Interviews mit Logo-Experten erarbeitet hat. Der Katalog kann als Checkliste bei der Logo-Entwicklung dienen.

Diese Arbeit widmet sich darüber hinaus der spannenden Frage, ob sich die Qualität eines höchst kreativen Prozesses wie dem Logo-Design messbar machen lässt. Das Thema wird in der Fachwelt kontrovers diskutiert und vermutlich nie eine Einigung erzielen. Jedoch hat sich im Verlauf der Arbeit gezeigt, dass eine objektive Beurteilung solch kreativer Leistungen unter bestimmten Voraussetzungen möglich ist. Im Anschluss an diese Erkenntnis hat die Autorin ein Instrument entwickelt, mit dem sich die Qualität eines Logos überprüfen lässt. So ist es unter gewissen Bedingungen tatsächlich möglich, eine verlässliche Garantie für gutes Logo-Design zu vergeben.

Ziel des entwickelten Instruments ist es, Unternehmen, Agenturen und andere Kreative bei der Logo-Entwicklung zu unterstützen.

Felicitas Knapp

Qualitätsgarantie für Logo-Design?

Entwicklung eines Evaluationsinstrumentariums zur Qualitätsprüfung eines Logos

2016 | Broschiert, fbg. | 108 S., dt.
ISBN 978-3-95663-085-9